国家出版基金项目
NATIONAL PUBLICATION FOUNDATION

"十四五"时期国家重点出版物出版专项规划项目

航天质量系统工程丛书

# 航天质量管理新理论与新实践

## ——质量纪律管控

侯建国　编著

CAPH 中国宇航出版社

·北京·

**图书在版编目（CIP）数据**

航天质量管理新理论与新实践：质量纪律管控 / 侯建国编著. -- 北京：中国宇航出版社，2024.4

（航天质量系统工程丛书）

ISBN 978-7-5159-2368-0

Ⅰ.①航… Ⅱ.①侯… Ⅲ.①航天工业—质量管理—中国 Ⅳ.①F426.5

中国国家版本馆CIP数据核字（2024）第071840号

**责任编辑**　马　喆　　　**封面设计**　王晓武

| | | | |
|---|---|---|---|
| **出版发行** | 中国宇航出版社 | | |
| **社　址** | 北京市阜成路8号　**邮　编**　100830<br>(010)60286808　(010)68768548 | **版　次** | 2024年4月第1版<br>2024年4月第1次印刷 |
| **网　址** | www.caphbook.com | **规　格** | 787×1092 |
| **经　销** | 新华书店 | **开　本** | 1/16 |
| **发行部** | (010)60286888　(010)68371900<br>(010)60286887　(010)60286804(传真) | **印　张** | 11.25 |
| | | **字　数** | 177千字 |
| **零售店** | 读者服务部　(010)68371105 | **书　号** | ISBN 978-7-5159-2368-0 |
| **承　印** | 天津画中画印刷有限公司 | **定　价** | 98.00元 |

本书如有印装质量问题，可与发行部联系调换

# 前言

新时代我国社会的发展正在由高速度向高质量与高速度并重转变。质量成为人们追求美好生活的核心品质。任何产品，大到航天领域的火箭卫星，小到日常生活中的工具器皿，都面临着更高的质量要求。

近年来，航天型号任务异常繁重，市场竞争日趋激烈。多型号并举、快速研制、高密度发射和批量生产交付的高压高效研制生产局面已成为中国航天的新常态。在产品研制过程中出现了一些共性、重复发生的质量问题，特别是由于操作带来的低层次质量问题，严重影响到发射任务的圆满完成及型号产品交付。因此，航天型号产品质量管理必须要适应新形势和新任务的要求，在实践中积极创新，在探索中提升发展，需要从以差错纠正和局部预防为主的管理模式，迅速转变为以“一次成功”为目标的系统全过程差错预防模式，从而为高质量保证成功、高效率完成任务、高效益推动航天强国和国防建设提供有力支撑。

本书针对航天企业、型号（产品）研制过程管理、型号（产品）保证能力建设和现场管理持续改进的需求，将目标管理、管理技术规范体系、产品设计及各级责任落实等内容融合、深化，研究提出并实施了研究院对厂（所）、厂（所）对车间（部门）、车间（部门）对班组的多级工艺纪律检查和改进工作机制，形成了广义工艺纪律检查管理办法、实施细则、规范性输出记录等技术和管理文件，以及通过检查工作的持续推进所形成的一系列质量、科研生产管理制度，覆盖科研生产和产品保证全流程，固化为航天质量纪律检查准则的管理标准。经过三年的实践和持续改进，最终形成了适合多级管理组织机构的研究院（或集团）模式企业内部开展全流程质量监督体系，并不断完善和创新发展了航天质量管理新的理论模式。

该体系基于具有多专业、多领域、多级管理模式的集团式企业实施质量管理的难点和特点，创造性地提出了“六个导向”（责任导向抓落实、风险导向抓防控、过程导向抓量化、问题导向抓整改、目标导向抓提升、差异导向抓创新）抓产品质量的工作思路，提出了发挥“领导作用”抓质量的具体方法和手段，提出了“广义工艺纪律检查”的理念，并逐步提升，最终建立了“上有牵引、下有支撑”的多级管理特点的航天质量纪律检查机制，建立了科研生产和产品保证“全流程覆盖”的质量纪律监督管理新模式。

质量纪律检查按照策划—检查—整改—验证—总结“五步法”工作流程，“以查促改，以查促建”，通过综合座谈、督导、询问、查阅、知识考核、现场检查等形式获得的相关信息对每个检查模块和要素的符合度进行综合判定，并指明被查单位的整体改进提升方向。实施过程既关注了产品也关注了管理，既关注了员工更抓住了领导，既暴露了个性问题更发现了系统问题。

作为该理论的首创单位，中国航天电子技术研究院（以下简称“院”）经过三年多的实践，型号产品质量得到明显提升，如新一代运载火箭长征七号首飞成功，全箭2/3电子产品由院配套，在发射全过程中实现零缺陷。

院工艺纪律检查从2014年1月开始，提出以“静电防护、多余物控制、过程记录以及试验状态管理、长效机制建立”为重点，发现并反馈问题642项，基本摸清各单位过程管控状况和薄弱点，当年操作类问题数就下降了31%。2015年开始对根源性问题进行分析，明确“现场入手、管理收口”的工作思路，继续深化检查成效，将管理能力提升和风险管控要素纳入其中，由“问题导向”延伸为“五个面向”抓产品质量（面向领导查责任落实、面向风险查识别管控、面向过程查管理执行、面向问题查持续改进、面向结果查考核奖惩），确定了10项重点内容，发现并提出702项问题，2014—2015年质量问题平均数与前三年相比下降了28%。2016年围绕“巩固成果、自我完善、提升产品保证能力”、科研生产管理评估和质量管理体系评估，提出“六个导向”的管理思路，以现场质量监督和标准规范为突破口，细化检查要素229项。通过分析原因、总结经验、举一反三，创建了一套具有院特色的质量管理模式——回归现场的工艺纪律检查。它不同于其他质量体系评估和审核，检查中更加突出对人员、环境、工艺、生产过程等方面的实效性，不局限于看材料、看证据，而是“看现场”，结合型号产品生产实际，提出更加符合研制需求和任务特点的整改要求并督导落实，取得实效。2017年，在广义工艺纪律检查基础上，又再次进行了持续改进，全面提升为航天质量纪律监督管理，并将理论、模式和具体做法进行了固化，形成院级标准；同时继续深入开展了航天质量纪律检查工作。

实施广义工艺纪律检查工作以来，院从“问题导向”入手，系统分析了产品实现过程中的“责任不落实，管理不严格，执行不到位”的深层次原因，创造性地提出了“五个全面”“六个导向”抓产品质量的工作思路，建立了长效机制，找到了切实有效的质量管控抓手。院领导和院机关在这个有效的质量管控载体和平台上，开展了卓有成效的质量管理工作。实施广义工艺纪律检查三年来，全院在完成发射任务增长52%（2013年247次、2014年370次、2015年376次）、交付整机产品数增长16.4%、元器件产品数增长6%的情况下，质量问题数下降了28.3%，其中操作带来的低层次质量问题减少了45.1%。同时，通过推动质量管理责任制的落实，不断自我完善，丰富理论内涵，扩大应用领域，提升了院整体产品保证水平，取得了良好的经济效益和社会效益。

航天质量纪律监督管理机制的主要特点、创新点体现在以下几个方面。

(1) 创新提出了发挥“领导作用”抓质量的具体方法和手段

“领导作用”是质量管理八项原则之一，GJB 9001标准明确规定“最高管理者对最终产品质量和质量管理负责”，作为生产型企业，最高管理者通过签署产品质量证明文件来履行对产品质量和质量管理负责的职责，但作为多级管理构架的集团式企业，研究院机关并不直接生产产品，而只是履行管理职能，在这类企业中领导者如何履行质量职责、管控最终产品质量，在各行业中尚未形成明确的方法和有效的手段。作为中国航天科技集团有限公司（以下简称航天科技集团）大型科研生产联合体之一，院具有下属单位多、地域分散、专业覆盖全、用户范围广等特点，这些特点决定了院的管理难度大。随着近两年装备质量要求的不断提高，航天质量管理首先强调的就是各级质量责任的落实，院的航天质量纪律检查由院长亲自策划、部署、研究、组织实施，副院长、业务部门领导亲自检查，充分体现了领导职责的落实，以及领导履行质量职责的内涵。同时，在航天质量纪律监督检查方法的实施中，检查的对象也包含了厂所的各级领导，对于不同层面的领导来讲，他们既是被检查者也是检查的实施者，检查逐级传递，为各级领导落实质量职责提供了扎实的方法和指导。

（2）创新提出了航天质量纪律监督检查的理念

结合航天型号产品质量管控要求及生产实际，以航天质量纪律监督检查为抓手，将检查的对象从一线员工扩展到厂所领导、部门领导，将检查的内容从一线现场的纪律执行扩展到所有业务部门的管理职责和流程，将检查的依据逐步从工艺文件扩展到上级要求、规章制度、标准规范、体系文件，将检查的地点从生产现场扩展到设计、调试、试验各类现场及规划、人力资源、研制计划及市场等各部门，航天质量纪律监督检查做到了“纵向到底、横向到边”，既关注了产品也关注了管理，既关注了员工更抓住了领导，既暴露了个性问题更发现了系统问题，较之以往的各类检查具有不可替代的优势和特色。

（3）创新建立了上有牵引、下有支撑的多级管理特点的过程质量管理持续改进机制

建立了院、厂（所）、车间（部门）各级质量纪律检查管理机构，明确各级职责，制定了覆盖院、厂（所）、车间（部门）等各级的质量纪律检查办法、工作流程，并形成多级实施体系。院对厂所的检查在传统工艺纪律检查的基础上，突出在理念、机制、方法上的牵引，形成航天质量纪律监督管理，下级对上级在要素和要求上进行分解和细化，顶层构建院级“六个导向”总模型，底层聚焦现场和具体过程，细化形成对现场和过程的精细化检查验证准则，形成模型和准则的“双金字塔”结构，保证了顶层牵引的广泛性和基层实施的深入性。各级质量纪律检查以“细化”和“实效”为原则，做到了检查准则力求细化全面、检查过程力求“眼见为实”。

（4）创新建立了覆盖科研生产和产品保证全流程的监督检查模型

航天质量纪律监督检查不同于二方审核关注采购产品实现过程和传统工艺纪律检查关注工艺秩序遵守情况，航天质量纪律监督检查建立了覆盖型号（产品）科研生产和过程管理全流程的监督模型，通过责任导向抓落实、风险导向

抓防控、过程导向抓量化、问题导向抓整改实现对产品研制全过程的环绕式监督检查，通过目标导向抓提升、差异导向抓创新实现对产品和企业发展的拉动式监督检查，构建了以环绕式和拉动式相结合的产品实现全过程监督检查模型。

# 目　录

# 第 1 章　质量管理与航天质量的战略意义

中国已经明确提出了建设“质量强国”的国家战略，指出我国经济已由高速增长阶段转向高质量发展阶段，要坚持质量第一、效益优先，推动经济发展质量变革，增强我国经济质量优势，建设质量强国。这一战略的提出，是新时代中国特色社会主义发展的必然需求，也是解决当前我国社会人民日益增长的美好生活需要和不平衡不充分的发展这一主要矛盾的重要决策部署。《中华人民共和国产品质量法》《质量发展纲要（2011—2020 年）》更是以法律和规划等形式为高质量发展保驾护航。

国家对质量提升的高度重视，落实到企业层面就是要把质量作为企业生命线，把提供高质量、高可靠、高性价比的产品放在首位，把全面质量管理落实到企业生产经营的方方面面，不断推动质量管理的理论和实践创新，全面助力质量强国战略，为满足人民群众对高质量产品和服务的需要提供切实保障。

## 1.1　质量已经上升为国家战略

随着质量强国战略的实施，高效的质量管理在我国各行各业受到前所未有的重视。越来越多的人认识到，质量是企业核心竞争力和国家软实力的重要体现，是组织在全球化的竞争性市场上取得成功的最重要因素之一，也是人们追求更加美好生活的重要保障。做好质量管理正在日益成为各类组织实现可持续发展的必由之路。

质量既体现在微观方面，也体现在宏观方面。从微观角度说，企业是保证商品质量标杆的主体，因而质量便构成企业的生命力量。即使企业过去有好的质量口碑，但如果不注意抓牢抓实，仍然可能会走向衰落，因此企业必须以质量为切入点，走质量振兴之路。从宏观角度说，只有真正改善和扩大了有效供给，提高了经济发展的内生动力，拥有国际竞争实力，才能实现经济社会平稳健康发展，实现国家富强和民族振兴，让人民群众有更多的获得感。

### 1.1.1 质量是国之基础

质量发展是兴国之道、强国之策。质量反映一个国家的综合实力，是企业和产业核心竞争力的体现，也是国家文明程度的体现；既是科技创新、资源配置、劳动者素质等因素的集成，又是法治环境、文化教育、诚信建设等方面的综合反映。质量问题是经济社会发展的战略问题，关系可持续发展，关系人民群众切身利益，关系国家形象。

我国历来高度重视质量工作。新中国成立尤其是改革开放以来，国家制定实施了一系列政策措施，初步形成了中国特色的质量发展之路。20 世纪 90 年代以来，我国针对经济社会发展需求，颁布并两次修订了《中华人民共和国质量法》，先后出台了《质量振兴纲要（1996—2010 年）》《质量发展纲要（2011—2020 年）》，全面推行与国际接轨的质量管理体系系列标准（ISO 9001 系列标准）与质量认证工作，全民质量意识不断提高，质量发展的社会环境逐步改善，产品质量、工程质量、服务质量明显提升，原材料、基础元器件、重大装备及高新技术类产品的质量接近发达国家平均水平，一批国家重大工程质量达到国际先进水平，覆盖第一、二、三产业及社会事业领域的标准体系初步形成。

进入新时代，我们要开启全面建成社会主义现代化强国的新征程。在这一重要历史时期，经济全球化深入发展，科技进步日新月异，以质量为核心要素的标准、人才、技术、市场、资源等竞争日趋激烈。面对新形势、新挑战，坚持以质取胜，建设质量强国，是保障和改善民生的迫切需要，是实现科学发展和全面建成小康社会的战略选择，是增强综合国力和实现中华民族伟大复兴的必由之路。

实现高质量发展，必须贯彻质量第一、效益优先原则。追求高质量的商品生产和经济运行，已经是现代社会越来越严格的公众要求和发展趋势。

为落实质量强国建设的战略部署，国务院印发了《关于加强质量认证体系建设促进全面质量管理的意见》（以下简称《意见》），部署推进质量认证体系建设，强化全面质量管理，推动我国经济高质量发展。《意见》要求，全面贯彻党的十九大精神，以习近平新时代中国特色社会主义思想为指导，按照实施质量强国战略和质量提升行动的总体部署，运用国际先进质量管理标准和方法，构建统一管理、共同实施、权威公信、通用互认的质量认证体系，推动广大企业和全社会加强全面质量管理，全面提高产品、工程和服务质量，显著增强我国经济质量优势，推动经济发展进入质量时代。

《意见》的提出，无疑是从高质量的准入关口——认证就开始严格把关，这有利于显著增强我国经济质量优势，推动经济发展进入质量时代。在加强质量认证体系建设方面，需要广泛开展质量管理体系升级行动，运用国际先进标准方法提升认证要求，开展行业特色认证、分级认证、管理体系整合、质量诊断增值服务，推动质量管理向全供应链、全产业链、产品全生命周期延伸，带动企业质量管理全面升级；同时拓展质量认证覆盖面，健全激励引导机制，支持各部门、各地区建设质量认证示范区和示范点，引导各类企业组织尤其是中西部企业、服务企业、中小微企业获得认证。

除此之外，根据《意见》，加强质量认证体系建设还包括大力推广质量管理先进标准和方法、深化质量认证制度改革创新、加强认证活动事中事后监管、培育发展检验检测认证服务业、深化质量认证国际合作互认、广泛开展质量管理体系升级行动6个方面的措施。要运用新版ISO 9001等国际先进标准方法提升认证要求，打造质量管理“中国升级版”。

### 1.1.2　质量是企业生命

企业作为国民经济中的核心要素，更是承担着质量强国战略的首要责任。提供高质量的产品，建立健全质量管理体系，加强全员、全过程、全方位的质量管理，严格按标准组织生产经营，严格质量控制，严格质量检验和计量检测，不仅是企业赖以生存发展的生命线，更是履行社会责任的重要体现。

(1) 对于企业而言，质量是政治、是生命、是效益

这就要求企业在以下几个方面强化对企业质量责任的认识。

1) 企业承担着质量主体责任。企业法人或主要负责人对质量负有首要责任，企业质量主管人员对质量负有直接责任。我国正在全面推行质量安全“一票否决”制度，通过这一机制，严格对企业质量考核，规范企业行为。可以说，未来企业如果拿不出高质量的产品，或者对产品的质量问题缺乏应有的责任，是难以在市场中立足的。

2) 企业必须大力提升质量管理水平。现代国际知名企业都高度重视质量管理，建立了完善的质量管理体系。在当前及未来的市场竞争中，企业只有加强全员、全过程、全方位的质量管理，严格按标准组织生产经营，严格质量控制，严格质量检验和计量检测，才能创造出有竞争力的高质量产品。提高企业管理水平要借助先进技术手段和现代质量管理理念方法，广泛开展质量改进、质量攻关、质量比对、质量风险分析、质量成本控制、质量管理小组等活动。

3) 企业应加快质量技术创新工作。把技术创新作为企业提高质量的抓手，切实加大技术创新投入，加快科技成果转化，注重创新成果的标准化和专利化，扭转重制造轻研发、重引进轻消化、重模仿轻创新的状况。企业要积极应用新技术、新工艺、新材料，改善产品质量，提升产品档次和服务水平，研究开发具有核心竞争力、高附加值和自主知识产权的创新性产品和服务。

4) 企业要重视标准的引领作用。积极争取成为国际标准制定的主要参与者和国家标准、行业标准的实施主体，将质量管理的成功经验和先进方法向产业链两端延伸推广，带动提升整体质量水平。对于优势企业可牵头组成行业联盟，开发高水平的团体标准，引领新产品开发和品牌创建，带动行业技术升级和管理创新，提升专业化分工协作水平和市场服务能力，增强质量竞争力。

5) 企业要谋求高质量、可持续发展。要以确保质量安全、促进可持续发展为基本要求的企业社会责任理念，建立健全履行社会责任的机制，将履行社会责任融入企业经营管理决策。强化诚信自律，践行质量承诺，在经济、环境和社会方面创造综合价值，树立对社会负责的良好形象。图 1－1 为企业高质量发展要素矩阵。

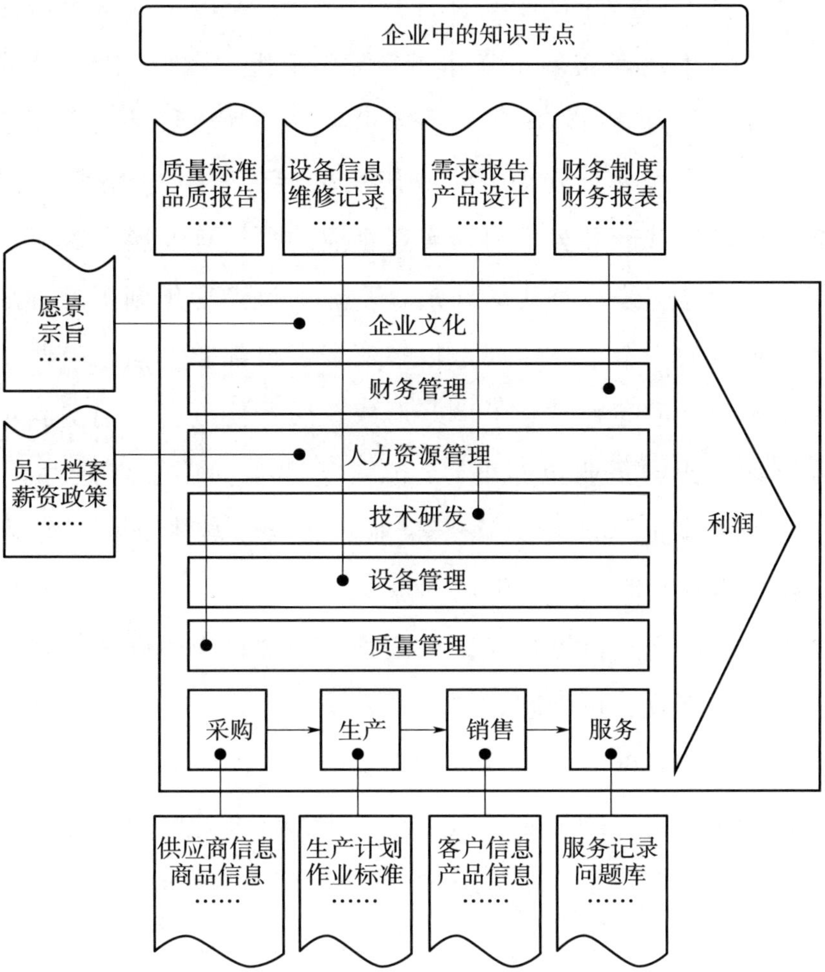


图 1－1　企业高质量发展要素矩阵

（2）质量是企业谋生存、谋发展的基石

要在市场竞争中立于不败之地，就要用优良的质量做保障。

经济全球化将越来越多的企业卷入了全球竞争的漩涡，无论企业是主动竞争还是被动应付，都不得不在这个残酷的漩涡中使出浑身解数，以求生存和发展。在激烈的竞争中，质量往往是企业得以生存和发展的前提。据国家统计部门的数据，中国人每年在国内购买和出国扫货的国外奢侈品总额达到两万亿元。这些奢侈品基本都是质量上乘、价格昂贵的商品。这一现象的背后折射出的深层次原因，是老百姓对国产产品质量的担忧和不信任。“日本货”曾是劣质产品的标签。20 世纪 60 年代，为了振兴经济，日本大范围实施了全公司质量管理，产品质量迅猛提升，日本的电子、汽车、家电、机械等产品凭借品质优势一举打入全球市场，实现了日本60～70年代“国民收入倍增”的计划，并一度成为世界竞争力第一的国家。由此可见，产品质量是企业赢得市场的最有力的武器。对我国广大企业来说，应该及早转变思路，从战略上规划质量，用过硬的产品质量提升产品竞争力，实现企业的可持续发展。

近些年，随着品牌经济时代的到来，企业的目光聚焦到了品牌战略上。质量一直是品牌价值的一个重要体现，很多消费者也都非常信任一些知名品牌的质量，可以说质量帮助品牌建立了良好形象，质量使更多的消费者更为青睐品牌产品。据统计，德国企业全部出口产品中，85％是工业制造品，其中30％以上的出口商品独步全球；2300多家企业在各自领域中居世界领先地位，在全球确立了德国企业品牌质量一流的形象。

中国高铁之所以受到世界瞩目、世人青睐，源自中国高铁从对原有技术标准的引进、消化、吸收、再创新，到具有完全自主知识产权的时速350千米的中国标准动车组成功研制、上线运行，逐步形成了一整套完整产业链和标准体系。因此，我们应大力支持企业采用先进的质量标准，全面推进先进标准化体系建设，鼓励符合条件的企业牵头或参与国际标准、国家标准、行业标准和地方标准制修订，不断提高中国标准在世界的话语权，让越来越多的中国产品走出国门、走向世界。

## 1.2 质量管理对企业的战略推动

21世纪被称为“质量的世纪”，也就是说21世纪将着眼于质量和其所产生的效益，是经济集约增长的世纪。随着商品经济的快速发展和经济全球化的趋势，质量越来越被企业、顾客和众多利益相关者所重视。企业只有不断加强自身质量管理、提高自身核心竞争力，才能迎接世界经济的挑战，得以更好地生存和发展。

随着信息技术的高速发展，企业的内外竞争环境、组织结构、管理模式、顾客需求等都在发生着深刻的变化，企业的竞争已经不再是成本和数量的竞争，而是以顾客为中心，建立在产品质量、技术创新等方面的竞争。正如著名学者 Domingo 所说："全球竞争力始于质量竞争力又终于质量竞争力。在努力寻求价格竞争力、成本竞争力之前，必须首先获得质量竞争力。"而企业质量竞争力是指企业在当前和未来的环境中，为顾客创造出比竞争对手更有价值、更有魅力、更有信誉、更难以超越的卓越质量的核心能力，具有不易模仿和难以移植的特点，而提高企业核心竞争力的关键就在于通过一定渠道分析全面质量管理要素对增强企业竞争力的影响。

质量对企业的战略推动体现在如下几个方面。

（1）质量对企业品牌形象的核心作用

质量管理与实施名牌战略是市场经济的产物，它的基本指导思想是坚持"质量第一，用户至上"，创造高品质、高市场占有率、能满足消费者需要的产品。这是提高企业竞争力和获取最佳经济效益的有效途径。而质量经营战略的基础是质量管理，拥有高市场占有率的关键是创造名牌产品。从经济发展大局看，只有名牌产品有实力参与国内外市场竞争。加强质量管理，实施名牌战略的过程，就是推动企业走向市场，不断适应市场竞争环境的过程。质量和名牌体现着企业的实力，企业创造的名牌产品则反映了一个企业的形象。良好的企业形象既是一项重要的无形资产，也是企业在市场竞争中取胜的有力武器。质量是企业的生命，一套科学的、完整的、切实可行的质量管理成熟度考核体系，能够从市场调研、产品开发、采购、工艺准备、生产制造，一直到销售服务进行全面、全过程的质量预防、控制和改进，在不断满足用户明确的和潜在的需要的前提下，达到以最少的投入获得最大的产出的目的。提高产品质量和社会知名度、转变经营思想、以市场为导向、以质量为核心、提高经济效益、求得长足发展的过程，是企业创造最佳经济效益的重要途径。

（2）质量对企业经营战略的核心作用

质量是经营战略的核心，质量管理是企业管理的中心环节，是企业管理的纲。长期以来，我国企业注重"速度盈利型"模式，即一直都依赖于宏观经济的高速增长来获取自己的利润。当整体经济处于高速度增长时，由于总需求旺盛，企业产能可以得到充分利用，从而能够通过规模扩张而获得利润；而当宏观经济增长速度下滑时，总需求减少，企业产能大量过剩，从而导致利润的减少或陷入亏损。要改变这样一种由宏观决定微观的不可持续的企业盈利模式，就必须从根本上使企业从“速度盈利型”转变为“质量盈利型”，让企业的微观供给能力不断支撑宏观需求增长的能力，推动新产业、新产品和新业态的涌现。“质量盈利型”模式的实质是企业通过质量创新支撑盈利的不断增长，也就是依靠在产品供给上的市场竞争能力，是真正的供给创新所带来的需求创造。在“质量盈利型”模式下，即使宏观经济增长的速度下降了，企业也能够依靠质量创新来保证较为稳定的市场需求和较高的价格水平，从而获得正常的利润并保持盈利的状态。在这种模式下能够盈利的企业，才是真正有生存能力和有市场价值的企业，也才是能够真正实现较高的全要素生产率，进而改善宏观的资源配置效率的企业。同时，“质量盈利型”企业也能够淘汰那些只有依赖于总需求扩大才能生存的“速度盈利型”企业，而这些企业的退出，实际上是实现资源更优配置，以及改善经济发展质量的重要内容。所以，让市场从微观上通过盈利水平的检验，淘汰“速度盈利型”企业，促进“质量盈利型”企业的发展，能够在供给侧不断地促进经济发展质量的持续改善。

（3）质量为企业提供发展动力

我国企业一直依赖于大规模要素投入来获得增长，是一种典型的高投入、高消耗、低效率的规模速度型模式。这一模式导致了我国宏观经济发展的不可持续，也是我国经济发展质量不高的一个重要原因。企业以质量创新获得的盈利，从根本上依靠的是要素质量的提升，而非要素数量的投入，极大地促进了企业发展动力的转变。这一动力的转变，将在宏观上大幅度地降低对于高能源消耗和对低劳动力成本的依赖性。企业依靠质量创新这一动力实现增长和盈利，能够实现较高的市场价格和形成较为稳定的市场需求，从而有效消除我国长期存在的低质低价的竞争模式，也能够减少产能过剩，大量淘汰生产低质产品的企业，将资源更多地配置在有盈利能力的企业，进而在宏观上增进整个社会的福利。

（4）质量创新加快企业家精神的再造

企业家精神是创新实践的关键要素。30 多年来，我国的企业家通过制度的创新，创立了大量的企业，支撑了经济的长期高速增长。在计划经济体制下，对市场过度管制的制度严重阻碍了经济的发展，企业家通过对管制壁垒的突破，可以不断地创造出新的企业发展空间，也在客观上形成了新的经济增长空间。这样一类企业家主要是“制度型企业家”。但随着我国市场化改革的不断深入，政府的管制壁垒趋于减少，这种依赖制度而获得增长的企业家精神，对整体经济发展的边际效应不断递减，甚至可能成为阻碍经济增长的因素。因而，“制度型企业家”的企业家精神与我国新常态的经济发展阶段不相匹配。这一企业家精神的不适应，也是导致我国目前企业绩效下滑的重要原因。质量创新能促使企业家将主要的创新重点放在产品本身，而不是对制度的突破，也就是说要实现产品的高质量来创造出消费需求，进而实现更高的盈利水平。因而，质量创新的企业发展模式，不仅将有效减少企业家制度寻租的空间，而且能够倒逼企业家形成以创新为核心的企业家能力，并进而更好地适应新常态下经济所要求的创新式发展。

综上所述，质量对于企业各个层面都具有战略推动作用，因此要把实现高质量发展作为企业长期的指导思想，在内部广为宣传，使其内化于心、外化于行。要使高质量发展成为企业的自觉选择，增强思想观念，谋划具体措施，一件一件抓好落实，在加快转型升级、实现由大变强中取得新成效。

## 1.3　质量管理在航天的发展与应用

中国航天在60多年的发展历程中，也在不断地摸索和创新适合自身需要的质量管理理论和方法。在后续与国际接轨的过程中，逐步引入、转化国际通行的质量管理理论，构建质量管理体系，并在实际航天工程和型号中应用。中国航天人也在不断实践和努力，不仅将先进的质量管理理念方法吸收转化，也将自己特有的质量管理经验成果推向国际。但在探索具有中国航天特色质量管理理论和国外质量管理理论方法结合的过程中，也发现有很多有差异、不相容等问题，构建的质量管理体系两张皮等现象较为突出，质量管理标准本地化还存在很多不足，切实需要在实践中继续加以创新。

### 1.3.1 航天质量管理发展阶段

航天质量管理的发展历程包括以下阶段。

第一阶段：探索期（1957 年—20 世纪 80 年代末）。在型号研制从仿制向自行设计转换以及自行研制时期，航天各单位在不断暴露问题、解决问题的过程中，逐步摸索保证产品质量的经验。1962 年，《国防部第五研究院暂行条例》（简称 70 条）的颁布对质量管理工作提供了支撑，也促使我们在设计指导思想、研制工作程序、组织领导等方面有了转变。明确规定了型号研制阶段的划分，建立和加强了技术责任制，建立、健全了技术指挥线和指挥调度系统，确立了“三严”（严格的要求、严肃的态度、严密的方法）的工作作风和以周总理十六字方针为指导思想的质量文化，探索出以钱学森的系统工程理论为框架的型号质量管理的基本流程和方法，形成了计划经济体制下的质量管理模式。20 世纪 70 年代，在独立研制的道路上迈开了稳健的步伐，建立起较为完整的质量与可靠性管理体系，在型号质量管理方面，推进型号技术状态控制、产品验收，加强整机老炼和失效分析等措施，并重点落实元器件定点、定技术条件和筛选，极大地加强了元器件质量等基础工作。20 世纪 80 年代中期，进入全面质量管理的新阶段，形成了院、所两级质量管理体系，推行了质量保证体系认证和产品质量认证。各单位相继编制完善了《质量管理手册》，在加强质量基础管理工作上下功夫，将质量保证体系考核同重点型号研制工作紧密结合起来。

第二阶段：发展期（20 世纪 90 年代初—90 年代末）。改革开放之后，航天各单位质量管理工作开始与国际、国内先进方法广泛接轨。以推行全面质量管理和贯彻国防科工委军工产品质量条例为工作主线，加强了质量管理体系建设，型号矩阵式的质量管理和产品保证工作系统基本建成。期间几次型号任务出现重大失利，质量管理工作进行了深入的整顿。制定和执行“型号放行准则”、进行成败型故障模式分析、对电子元器件进行破坏性物理分析（DPA）、全面贯彻新焊接标准、进行火工品射线检查；进行设计复核复算、对飞行软件进行确认测试、实施分级评审验收、严格执行技术归零和管理归零的五条标准、执行产品证明和质量履历制度、严格发射场表格化及质量记录的管理、实施院派质量监督代表工作制度等一系列管控措施。

第三阶段：变革期（21 世纪初至今）。面对型号高强密度发射、关键技术深度攻关和经济规模的快速扩张，航天各单位不断深化和创新型号技术风险控制方法，全面推行精细化质量管理。提出了确保成功和永葆成功的基本规律，提出了型号质量管理六项原则，产品质量保证能力持续提升。这一时期，适合总体院的质量管理模式基本形成并逐步完善，质量管理体系建设全面推进，零缺陷质量文化理念逐步成型，把握、驾驭型号研制和质量管理规律的能力得以提升。

### 1.3.2　航天质量管理模式及文化

航天质量管理是以过程控制精细化为主要特征，坚持预防为主、从源头抓起、全员参与的原则，有效识别与控制技术风险，不断提高产品保证能力，不断提高技术、产品、管理和队伍成熟度，实现型号研制、生产、试验过程质量控制的规范化、定量化、精细化和全员化，确保型号研制和航天任务成功。

中国特色的航天质量文化是航天文化的重要组成，是中国航天创造力的体现，航天质量文化由精神层面、行为层面和物质层面组成。

精神层面是灵魂。航天质量文化精神层面的建设以周恩来总理“严肃认真、周到细致、稳妥可靠、万无一失”的十六字方针为指导，并结合新的形势赋予新的内涵，挖掘提炼新的理念和价值观，实施以德治质。

行为层面是通过贯彻、展开和体现质量文化指导思想、质量理念、质量方针和质量价值观，确定质量行为准则。同时完善质量管理的规章制度，建立技术标准和管理标准体系，形成全员质量行为规范体系和质量激励与约束相结合的机制，从而激励、规范、评价和监督集团各级领导及全体员工在经营管理、产品研制和生产中的质量行为，实施依法治质。

物质层面是通过品牌标志、工作设施、质量与可靠性专业机构和工作环境等载体，体现、落实质量文化指导思想、质量理念、质量价值观、质量方针、质量行为准则，保证质量行为规范体系和质量激励与约束机制的有效运行，即以高知名度、美誉度的品牌标志体现高质量的形象，实施以物保质。

航天质量文化内涵主要包括以下方面。

1）树立零缺陷质量意识，落实质量责任。要求全员牢固树立零缺陷质量理念，追求各项工作第一次就做对、做好，力求型号研制、生产和服务中各环节全面优质，力求地面试验、飞行试验等各项任务的圆满完成。

2）顶层策划、总体优化，有效识别和控制技术风险。运用系统工程和方法，在产品各阶段系统开展质量策划，强调工程管理诸要素的相互协调和整体优化，确保对技术风险的有效识别和控制措施的落实。

3）大力协同，量化控制。工作中注重跨单位、跨专业、跨部门的相互协同和综合集成。把握航天工程“细节决定成败”的特点，快速聚焦、充分识别影响任务成败的关键细节，对产品实现的关键过程和产生质量问题的深层次原因和薄弱环节加以放大，采取量化、细化的方式和工具手段进行控制和改进。

4）精细数据管理，强化全过程质量控制。持续全面收集型号研制生产全过程的各类数据，有效识别和充分验证产品关键特性，建立航天产品数据包，加强设计、生产、试验、交付验收、售后服务等全过程的质量控制。

5）不断完善知识创新和快速共享的管理体系和制度，建立质量与可靠性信息系统、数据库，建立并实施质量问题分析、质量管理体系评估、质量问题快报、质量问题归零和举一反三等制度，完善标准规范体系，开展最佳实践交流，促进知识创新和快速共享。

6）强调技术、产品、管理和队伍成熟度的同步提升，注重工程方法、工具的开发与应用。同步开展技术成熟度评估、产品定型、质量管理体系审核、全员质量培训等工作，保证和提升航天工程的质量与可靠性。加强质量可靠性关键技术和质量管理方法的研究与推广应用，建立健全产品保证专业技术机构体系，不断提高产品保证专业技术能力。

### 1.3.3　航天特色质量管理体系

航天产品研制单位由于其产品的特殊性，一直以来重视质量管理体系的建设。20 世纪 90 年代以来，随着国家对航天事业投入力度的加大，航天企业要面向市场，要走出国门参与国际竞争，要成为世界一流的企业，必须要与国际质量管理体系相对接，因此航天企业开始探索质量管理体系建设。航天企业质量管理体系建设的起源可以追溯到 1987 年开始贯彻的《军工质量管理条例》，后续逐步演变为贯彻 GJB 9001《质量管理体系要求》，其核心内容也是贯彻了《军工质量管理条例》的“一次成功，系统管理，预防为主，实行法治”的主导思想，同时体现了现代质量管理观念。

为确保质量管理体系保持适宜性、充分性和有效性，航天企业大都建立了有效的质量管理体系持续改进机制，通过多种渠道对体系的运行状态进行诊断和改进。如定期开展面向产品的质量问题分析，针对分析归纳出的共性质量管理问题等完善规章制度；开展质量管理体系内部审核，不定期开展第二方审核，以及定期接受第三方认证审查；定期接受来自上级管理部门组织的体系评估等，形成了全方位的评估与监督审查体系。每年组织对质量管理体系运行情况进行全面系统总结，召开管理评审会议，对存在的问题进行深入分析，制定计划，系统整改，确保质量管理体系持续有效运行。

（1）质量体系建立与保障

院级质量主管部门是型号质量管理的责任主体，发挥主导作用，承担质量体系建设与质量管理保障职能。

1）完善质量体系建设，实现持续改进，推行航天质量管理文化。

2）完善质量标准规范体系，建立标准修订、宣贯、检查、评价的组织管理体系。

3）完善可靠性、工艺、元器件、材料、软件等专业支撑机构建设。

4）审查确定型号产品合格供方名录，并组织进行评价考核、监督检查。

5）开展全员专业素质培训。

（2）型号研制质量控制

型号办负责型号研制过程的质量控制，设质量主管岗位，接受质量主管部门和型号办的双重领导，组织开展型号质量策划与监控工作，对研制节点审查把关，实施型号质量过程的实时控制工作。

1）开展型号质量工作策划，包括研制全寿命周期工作策划、年度策划、专题策划（出厂评审、转阶段要求等）。

2）制定下发型号质量管理顶层文件，包括质量保证大纲、七性工作计划、标准化工作大纲、软件工程化大纲等。

3）对产品设计过程的监督通常采用设计评审、技术状态审查、转阶段评审等方式进行。

4）对生产过程的监督通常采用生产准备检查、工艺评审等途径，对产品质量的监督包括产品检验、产品质量评审等方式。

5）对研制生产过程和产品质量进行监督，包括质量标准、大纲等文件执行情况；质量保证组织系统工作情况；生产过程受控情况；产品检验、试验情况等。

6）对型号重大质量问题、质量事故的分析处理情况进行监督，包括质量事故的调查分析情况和结论的正确性、重大质量问题的分析结论和归零情况、纠正和改进措施的有效性等。

（3）质量监督检查体系

质量监督是指为了确保满足规定的产品质量和管理要求，对单位质量管理和型号研制过程控制情况进行监视、检查、分析和评价活动，包括外部质量监督、内部质量监督、对外包外购单位监督。作为被监督方，各单位接受上级单位、用户、独立第三方等外部质量监督。上级质量监督由装备发展部、国防科工局进行装备资格能力审查、生产许可证审查、重大质量问题专项检查；用户质量监督包括有关军兵种派驻的军代表对单位质量管理体系和型号研制生产过程及最终产品的监督；独立的第三方质量监督指质量体系认证中心对研制单位质量管理体系的认证审核及认证后的监督审核。内部质量监督通过建立内部质量监督机制，由各业务部门对其主管的工作落实情况进行检查，通过管理体系审核，对各业务管理及控制情况进行监督。型号产品研制生产通过设置关键阶段评审把关，由型号办组织对研制生产质量管控情况进行监督。对外包外购单位的质量监督主要通过质量管理体系监督审核、产品重大节点把关评审等方式，开展现场监督检查，对其研制产品进行现场验收，对影响产品质量的特殊过程和关键过程进行专项检查。

### 1.3.4　当前航天形势任务分析

发展航天事业，建设航天强国，是我们不懈追求的航天梦，也是新时代国家重大战略部署。我国航天事业已经进入新的跨越式发展阶段，各项任务日益繁重，市场竞争日趋激烈。多型号并举、快速研制、高密度发射和批量生产交付的高压高效研制生产局面已成为中国航天的新常态。因此，航天型号产品质量管理体系必须同步发展，需要从以差错纠正和局部预防为主的管理模式，迅速转变为以“一次成功”为目标的系统全过程差错预防模式。

面对全球航天技术的飞速发展，航天企业肩负着建设航天强国的神圣使命，航天质量也面临新的形势和挑战。在新的历史时期，剧增的型号任务要求航天质量管理从以往小批量、单件生产甚至手工生产的质量管控模式向大批量或组批生产的质量管控模式转变，新的生产模式需要新的质量管理模式与之相匹配；同时，随着技术的发展，一批新型运载火箭、卫星型号相继投入研制，新技术、新材料、新器件、新工艺的涌现，对航天产品质量控制提出了新的要求，高精度、长寿命、高可靠、热启动等要求，对静电防护、环境控制、可靠性分析及验证、仿真分析等能力提出了更为急迫的需求，质量管理能力和手段的提升成为当务之急。具体表现在如下几方面的需求。

（1）重大科技工程和重点型号对高质量的需求

我国将继续重点实施的航天重大工程和新一代航天装备研制任务异常繁重，对产品性能、质量、可靠性、自主保障等方面提出了新的要求，因此研制开发我国自主可控的高可靠性、高质量水平、长寿命、小型化的航天产品是支撑航天事业可持续发展的重要保障。以载人航天、月球探测、深空探测为代表的新型宇航任务，对于新的应用条件下的产品质量提出了更高要求，对产品在研制技术和研制过程、手段上都提出了确保高质量、高可靠、长寿命等各方面的新要求，这些要求的技术实现必然要求产品建立面向设计、工艺等全过程的质量保证体系。

（2）产业融合和发展对高质量的需求

随着产业融合战略的实施，航天事业迎来了大发展的有利契机，同时也面临着巨大挑战：一方面，航天企业面对国防科技工业的开放，面对更多的外部竞争，如何提升自己的质量管理水平，拿出有市场竞争力的、高质量的产品，是迫切需要解决的问题；另一方面，在吸纳优质外部资源进入航天领域时，如何加强全级次供应商管理，将航天质量管理要求传递到供应链最末端，把控住各级配套产品质量，从而为最终保障航天型号任务成功提供支撑，也是各级管理者需要认真研究的命题。

（3）航天国际合作对高质量的需求

世界经济一体化和全球技术协作的趋势，使得各国宇航和航空领域也开始了广泛的合作。中国航天产品的对外出口也呈现出日益增长的良好态势。在国际合作中，如何针对产品质量的要求与国外用户进行对接，同时借助对外合作进一步增强中国航天整体对外服务的品质，都要求针对产品全生命周期进行质量提升，针对产品质量管理进行再优化与再升级。此外，由于国际标准已成为合作的必要基础，是产品质量的基本依据，因此还要注重参与国际标准的开发与制定，争取合作话语权和技术制高点。

（4）航天科技工业转型升级对质量的需求

为了适应“航天强国”和“质量强国”的新要求，航天科技工业正面临高质量保证成功、高效率完成任务、高效益推动航天强国和国防建设的转型升级需求，航天企业需要进一步牢固树立零缺陷质量理念，按照“管理体系化、工作流程化、实施定量化、支撑信息化”的原则，从源头抓起，严格全过程质量控制，深化面向产品、面向流程、面向组织的质量管理体系改进，不断完善质量管理体系，为建设航天强国提供有力支撑。

### 1.3.5　当前航天质量管理共性问题治理与探索需求

航天质量管理体系建设从起步到运行，已经经历过多个周期，成熟度不断提升，取得了较好的效果。但是，一方面，体系在与航天传统质量管理模式的融合中还有诸多环节需要磨合；另一方面，新的形势和任务给质量管理提出了更高的要求。面对这些新变化，航天质量管理还有一些方面的不足，需要在今后的实践中加以完善。

（1）尚未形成先进的质量管理体系

随着近几年的发展带来的新变化，航天质量管理在质量控制程序和步骤、质量控制点、阶段标志等方面，已经呈现出不足之处，先进质量方法未得到及时有效应用，尚未形成应用体系。一些规章制度、标准、程序和规范不能适应计划经济向市场经济转轨的需要，规章制度的适应性、针对性、可操作性、可检查性亟待提高；质量管理制度多（行政文件多），规范少。质量管理体制、运行机制和管理方法与国际先进水平还有较大差距，重复性、低层次问题屡禁不绝，已不适合当前型号研制的需要。

（2）缺少多型号并行研制的质量管理经验

目前中国航天已经进入高密度发射的快速发展时期，在多型号并行研制与批量生产条件下，质量管理的理论、方法和经验都还存在欠缺，没有针对当前的任务形势和型号的特点，形成一整套系统、实用的质量管理体系和模式，常常出现各型号做法不一致、标准执行不一致、质量控制点设置不一致等情况。

（3）无法做到全过程控制

型号质量策划中的系统性、准确性和针对性还不够科学，没有突出主要矛盾的主要方面，对型号研制中存在的风险分析还有差距，在工作项目的安排上把握重点不够，把握关键技术项目相对欠缺，把握“关、重”特性还有不足。生产、管理中的科学、完整的质量标准还不甚完善，可追溯的、可证明产品控制过程的记录还没有做到全面、完整；从源头抓起、全过程受控的要求体现不充分，研制、生产过程中有些环节还存在失控现象；设计环节发生问题的比例居高不下，导致型号可靠性、安全性设计水平还不高。

（4）质量管理执行不到位

质量责任制还没有完全落实到位，人为责任事故、重复性故障、低层次质量问题时有发生。当前的实际情况是涉及产品研制的质量要求和标准多，在其可执行性和可检查性上还有较大完善的空间。质量管理的标准和要求在哪个阶段、由哪个专业执行，如何执行和检查，还没有做到精细化划分。

（5）质量检查工作安排不合理

随着新型号研发、新技术应用，解决新问题形成新思路，引进新方法形成新要求，加之老产品出新问题，新产品出老问题，造成了我们对自身工作的怀疑和不确定。由此，质量管理要求越来越高、越来越严、越来越细。为了完成质量管理的各方面要求，型号研制人员和质量人员有些“疲于奔命”，甚至处于麻木状态。当出现质量问题时，研制人员和质量人员充当“救火队”，当型号出场时或发射前研制人员和质量人员充当“敢死队”，一定意义上都是质量管理常态性要求和瞬态性临时措施要求的冲突引发的现象。

上述几个方面的不足是航天质量管理中面临的共性问题，这些问题的产生既有理论本地化的因素，也有不同航天企业自身特点的因素。以院为例，在完成型号科研生产任务、治理上述共性问题的过程中，发现自身质量管理的不足还集中体现在两个方面的需求上。

（1）管理治理低层次、重复性质量问题

2011 年以来，航天科技集团进入型号任务高强度、高密度发射的新的历史时期，在型号发射和试验任务骤增、资源保障条件建设相对滞后未得到同步提升的情况下，面对新形势和新任务，很多单位出现了不适应现象。2011—2013 年院多个单位接连发生低层次、重复性质量问题，使全院顺利完成科研生产任务陷入被动局面，对全院形象和声誉也造成了一定的负面影响。院对 2011—2013 年 18 家单位配套产品发生的 455 起质量问题进行类别统计，其中操作类质量问题（包括误操作、违章操作、有章不循等 154 起）占 33.8%，器材类质量问题（包括院产元器件、外协外购件等 141 起）占 31.0%，设计类质量问题（包括设计可靠性欠缺、技术未吃透、设计验证不充分等 79 起）占 17.4%。操作类质量问题占比较大且近两年有大幅上升的趋势，成为影响院产品质量的首要因素，如图 1-2 所示。

为此，院提出对低层次、重复性质量问题零容忍，确定了“围绕目标抓落实、围绕风险抓管理，大幅降低操作问题，杜绝低层次质量问题发生”的工作思路和目标。

（2）坚持、完善和发展航天质量管理方法和理念

2009 年，航天科技集团总结多年航天质量管理成功经验，尤其是形成了航天精细化质量管理理念。航天科技集团质量问题归零“双五条”管理方法、

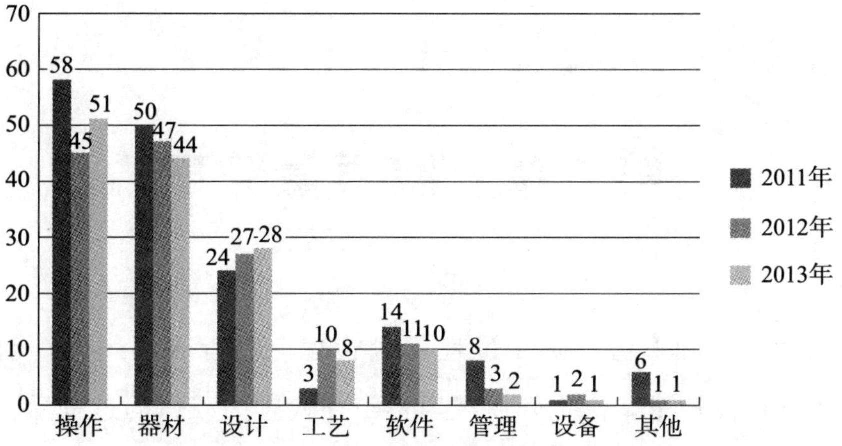


图 1－2　2011—2013 年院质量问题对比图

质量管理的模式得到了国内各行业的高度认可，航天型号精细化质量管理模式成为航天科技集团管控质量的有力手段。与此同时，国家重大型号任务和军队实战化需求对产品质量提出了更高要求，全军装备质量工作会议上提出了质量责任终身追究制，以及适用性质量的概念，也对航天企业在创新产品质量管理理念和方法上提出了新要求。

院按照坚持、完善、发展的理念，在航天科技集团精细化质量管理要求的基础上，结合院实际情况和产品特点，研究进一步抓细、抓实，扎实提升产品质量，聚焦一线，面向问题，以工艺纪律检查为载体，建立适合院特点的质量管控模式，促进各单位过程质量保证能力提升。

# 第 2 章　院质量管理

面临新的任务和形势，院在过程质量管理上继承成熟经验，创新理念方法，扎实提升产品质量，决定开展以质量纪律检查为载体的过程质量监督。工艺纪律检查是现代企业加强生产过程管控的通用做法，传统意义的工艺纪律是指在产品生产过程中，有关人员应遵守的工艺秩序，其核心是遵守已颁布的工艺管理制度，严格按照经过审批的设计文件、工艺文件、质量控制文件及有关技术标准进行产品的研制和生产。传统意义的工艺纪律检查也是对上述要求符合程度的检查确认，核心是“遵规守纪”。而院产品生产过程中静电损伤、多余物等问题的出现，逐渐暴露出大量过程控制问题与管理流程、资源配置、技术认知、风险管控、现场执行等均有关联，针对执行层的狭义检查已不适应新时期过程质量管控要求。因此，院探索开展了有效整合现有的各项评估、检查、监督管理等工作，覆盖型号（产品）科研生产和过程管理全流程的质量纪律检查工作机制和方法。聚焦一线，面向问题，提出“严格工艺纪律，夯实基础管理，提升产品保证能力”的总要求。院领导决定全面开展质量纪律检查方法研究，并亲自带队，深入一线，推进实施质量纪律检查工作，促进各单位过程质量保证能力提升。

## 2.1　院质量管理体系

院机关作为全院发展及管理运行的顶层机构，主要承担对下属单位产品实现过程涉及的所有业务管理活动，围绕提升全院绩效开展管理活动，其开展管理活动的主要手段是对各项业务工作的指导、帮助、协调和检查，而下属各单位承担了航天用综合测控系统及设备、综合电子设备、惯性器件、专用计算机及配套设备和软件、机电产品、集成电路、电线电缆、航空炸弹制导系统总体及其控制和测控系统、中近程无人机系统产品等的设计、开发、生产和服务，建立体系，实施过程控制。为了建立适用于院自身特点的质量体系，寻求适合的质量管理方法，院本级做了很多探索性工作。

## 2.1.1　院级质量管理体系的建设起源

院的组建是将原航天总公司下属多家二级单位所属的电子专业和基础技术相关的研究所和工厂进行整合，来自不同的文化背景、专业背景、管理理念的 15 家单位组成了一个全新的企业，院机关的管理人员也来自不同的单位，在当时的条件下，尽快完成企业转型和打造电子专业领先技术是院面临的两大难题，而构建统一的管理平台，规范来自各方的管理不一致是解决一切难题和谋求发展的基础。经过一年多的摸索和实践，院于 2005 年开始在院机关开展了质量管理体系的建设和认证工作，而在当时的航天领域，院机关开展质量管理体系建设并进行认证的研究院还寥寥无几，院机关的质量管理体系如何建立也没有可借鉴的先例。为了建立适合院特点的以对下属单位业务管理活动为产品的体系，院开展了一系列的研究摸索工作。主要工作如下。

### 2.1.1.1　识别院本级建立质量体系开展管理活动面临的内外部环境

（1）院面临的外部环境

院是航天科技的重要支撑，是航天科技集团重要的组成单位之一，在航天强国的建设中发挥着举足轻重的作用；特别是在新时期武器装备体系化、信息化建设发展，太空、网络、海洋等“高边疆”探索、开发和利用中作用巨大，肩负着核心电子产品自主可控的历史使命，在摆脱敌对势力封锁禁用、自主发展方面作用关键。承担的国家重大专项工程和重点型号任务是发展航天事业、建设航天强国的战略举措，对增强综合国力、科技实力、国防实力和民族凝聚力意义重大。

院作为航天科技集团的下属单位，本级不直接承担产品的具体设计和生产，主要对型号任务实行总承包，再分包至下级单位，通过对下级单位的管理来实现最终任务的圆满完成。在全面保证型号任务顺利完成的同时，还要全面落实集团公司等上级机关的各项要求，更要考虑自身的体系建设、专业发展、技术引领、分工布局、社会环境和职工安全、职业健康等工作的协调可持续发展。

（2）院面临的内部环境

院承担的产品属于为航空、航天、船舶、兵器等型号配套的单机产品，具有多学科、跨领域的特点，需要运用系统工程管理方法进行管理，系统工程需要从全局、整体上处理问题。要以系统论、控制论、信息论为理论基础，又必须具备每一类系统工程的专业理论，因此对于各级管理者的要求也相对较高。对本部机关来讲，对各种不同领域的型号产品进行管理的难度就更大，机关管理者难以具备对型号全系统的知识的了解，更难以掌握涉及的各个专业领域的知识，因此，如何有效实施机关管理职能是院面临的管理难题。同时，院所属单位承担的任务均涉及单机和元器件层面的产品，所有产品的技术发展、能力建设、产品发展都要不同程度地受到型号总体的制约。为了谋求更大的发展，院在完成型号任务的同时，需要积极探索创新，自主研发拓展产品和技术领域，为全院的持续发展奠定基础。

（3）院的特点

一是地域分布广。院下属 15 个单位分布在全国各地，包括北京、上海、西安、武汉、桂林、杭州等地区，这些单位地域分布广，带来的管理难度也相对较大，常规的管理模式难以支撑院的日常运作。另外，近年来，随着国防科技的快速发展，各类型号产品的生产模式已经由原来的单件小批量生产模式转变为批产和研制并存、规模化生产和组合化生产并行的生产模式，型号系统“三边”状态并存已经常态化，这些特点和难点都是制约院又快又好发展的重要因素。因此，探索一种适合院特点的管理模式是院成立之初面临的难题。

二是产品层级多。院承担的航空制导炸弹和无人机属于系统级产品，而惯性器件、测控电子设备、计算机等属于单机级产品，同时还有继电器、电连接器、继承电路乃至芯片等元器件产品，产品范围从系统到单机，再到部组件、电子元器件，其产品的性质涉及多层次、多领域，涵盖了型号产品全领域产品范围。

三是涉及专业领域广。院产品包括航空制导炸弹、无人机系统、惯性器件、遥测遥控设备、计算机、微电子、继电器、连接器等，涉及数学、物理、动力学与控制、材料与结构、工程热力学、控制系统原理、飞行器总体设计、航空电子系统、飞行器制造工艺及设计、实验等方面的基础理论和专业知识。随着技术的发展以及载人航天工程、探月工程等工程项目的实施，进一步发展到电子、声学、光学、生物科学等方面，甚至包括人体工程学科等方面的专业知识也成为航天领域需要涉及的知识，广泛的专业领域也带来了管理难度的不断增大。

院面对国家赋予的政治任务需求和市场经济竞争环境的双重压力，面对承担的历史使命和责任，面对不计成本保成功和军队计价体系改革的矛盾，在转型升级过程中完成任务能力急需快速提升，以适应快速增长的任务需求，加之航天企业严上加严、质量要求高的特点，以及产品或任务高风险、高投入的自身情况均决定了质量工作难度大。面对新环境、新要求、新形势，院急需探索一种适合自身发展的质量管控模式，不断提高质量、效益和效能。

#### 2.1.1.2　借鉴质量监督管理的概念，确定以“监督管理”为产品，开展体系建设

传统的质量监督是指为了确保满足规定的质量要求，对产品、过程或体系的状态进行连续的监视和验证，并对记录进行分析。质量监督是一种质量分析和评价活动，监督的对象是产品、服务、质量体系、生产条件、有关的质量文件和记录等。质量监督的依据是各种质量法规和产品技术标准。质量监督的范围包括从生产、运输、贮存到销售流通的整个过程。质量监督的目的是保护消费者、社会和国家的利益不受侵害，维护正常的社会经济秩序，促进市场经济的发展。

在借鉴传统质量监督管理概念的基础上，院拓展了传统质量监督管理的定义，将监督管理扩展为对体系、产品和基础工作等全方位的管理活动。确定了具有自身特点的“监督管理”的定义：即院本级对下属单位承担的航天用综合测控系统及设备、遥测遥控及电子设备、惯性器件、专用计算机及配套设备和

软件、机电产品、集成电路产品的设计、开发、生产和服务活动的指导、帮助、协调、检查活动，并以“监督管理”为产品，作为院本级的质量管理体系的认证范围，于 2005 年通过新时代认证中心的现场认证审核，取得了 GJB 9001C 质量管理体系证书，成为全国军工系统首家以“监督管理”为产品通过认证的企业，也是航天科技集团八大科研生产联合体中第一家取得质量管理体系资质的单位。院的质量管理体系建设模式，为各军工集团研究院模式的企业开展质量体系建设提供了一条新的途径。

### 2.1.2 院本级质量管理体系

（1）院本级质量管理体系的范围

院成立之初，院机关有 12 个业务管理部门，院有 15 个下属单位。各部门主要以管理活动为主，而各下属单位主要从事航天用综合测控系统及设备、遥测遥控及电子设备、惯性器件、专用计算机及配套设备和软件、机电产品、集成电路产品的设计、开发、生产和服务活动。按照院确定的监督管理的定义，与下属单位各专业产品设计、开发、生产、服务过程密切相关的部门主要包括研究开发部、市场部、科研生产部、质量技术部和发展计划部五个部门，因此，在 2005 年院本级建立质量管理体系时，将本部与型号研制任务密切相关的 18 项管理业务纳入了质量管理体系范围，按照 GJB 9001C 标准要求对监督管理的全过程进行控制，主要包括市场开发、计划管理、科研生产、质量管理体系、产品研发、物资保证、工艺管理、标准化管理等内容。

（2）院本级质量管理体系的内容和方法

院本级开展监督管理活动主要包含与型号产品研制过程密切相关的管理业务，而当时确定的监督管理的内涵与方法主要是帮助、指导、协调、检查，具体为：帮助包括建章立制、沟通交流；指导包括标准制度培训、具体业务讲解、有效传达上级要求等；协调包括跨部门、跨业务、跨单位的沟通交流和协调解决问题；检查指依据制度标准规范检查落实情况，督促改进提高。

(3) 本部体系的持续改进

随着技术的进步和企业的不断创新发展，院为了稳固企业的地位，逐步改变专业配套、发展受制于人的被动局面，在原有航天电子优势技术的基础上，自主投入经费开展系统级型号产品研发工作，先后形成了具有自主知识产权的无人机系统产品和航空制导炸弹系统产品，并成功竞标获得军方的订单。与此同时，拓展继电器和电连接器产品领域，在微机电产品领域取得突破，成功研发微波组件等替代进口产品应用于卫星型号。随着改革发展和自主产业的不断扩大，基于原有 5 个部门的监督管理的质量管理体系已经不能适应发展的需要，为此，面对专业发展扩大的现状，改进质量管理体系成为必然。

首先，体系的范围进一步扩充。

伴随着航空制导炸弹、无人机系统和机电组件类产品的成功研制，微系统事业部、无人机事业部和微机电事业部三个非法人实体应运而生，以实物产品和监督管理这两类产品建立质量管理体系并取得证书成为院的迫切需求，也是承担三个专业的军品研制任务的必要条件。为此，院将质量管理体系的范围进行重新梳理，并确定了如下产品范围：航天用综合测控系统及设备、综合电子设备、惯性器件、专用计算机及配套设备和软件、机电产品、集成电路、电线电缆，航空炸弹制导系统总体及其控制和测控系统，中近程无人机系统的设计、开发、生产和服务的监督管理；航空炸弹制导系统总体及其控制和测控系统、近程无人机系统、机电组件产品的设计、开发、生产和服务。

其次，对质量管理体系的运行模式重新梳理。

伴随着质量管理体系的日趋成熟和完善，可以看出，既然我们的“监督管理”产品是对下属单位承担产品研制过程的管理活动，按照全面质量管理理念，企业要生存和发展，要建立大质量观，创造全员参与的氛围，组织的所有人都应该在质量管理体系的控制范围内，并为企业的质量管理承担自身的责任，为此，将全部业务纳入质量管理体系范畴，按照质量管理的过程方法（PDCA）实施管理活动，是院进一步发展提升的必要条件。

最后，对院监督管理的范围进行再确认。

从监督管理的定义可以看出，院对下属单位的监督管理包括对型号产品研制生产全过程的管理活动，通常可能包括新产品新技术研究、市场开拓、计划管理、生产管理、质量管理、物资管理等内容，这些活动是确保型号任务顺利完成的必要内容。然而，企业的发展更加离不开规划建设、技术改进、人力资源、财务、资本管理等内容，同样，作为国有企业，党务管理、审计、行政后勤等也是不可或缺的部分，因此，按照全业务全过程监督管理的要求，院将本部质量管理体系的业务范围进行了重新确认，将全部机关管理工作划分为108项业务，实现了质量管理体系的全覆盖。

### 2.1.3 院监督管理体系的构成

一套完备的监督管理体系需要由以下基本要素组成：组织机构、标准、程序、方法等内容。监督管理体系的组织机构包括实施监督管理行为的人员及被监督管理对象组成的有机整体，将监督管理行为的实施者按照一定的职责权限进行划分并赋予一定的职能，履行监督管理行为即明确了监督管理体系的组织机构。监督管理行为实施者在开展监督管理过程中需要按照统一尺度进行，以保证客观公正性，这些统一的尺度即是监督管理的标准，需要经过一定时间的实践、积累、总结和认可。同时，实施监督管理活动需要有一定的流程和方法，使监督管理行为的实施者和受众均能够按照统一的行为准则来开展监督或接受监督。另外，针对监督管理的对象不同，监督管理的内容和关注点也需要有一定的差异性。

#### 2.1.3.1 监督管理过程的策划

为了充分发挥监督管理作用，提高企业整体效益，需要对监督管理业务的实现过程进行系统策划，以期实现监督管理的良好效果，策划时按照GJB 9001标准要求，考虑以下方面的工作内容。

（1）确定业务监督管理的目标和要求

依据企业中长期监督管理目标、发展规划目标要求，确定监督管理业务目标和要求。

（2）确定监督管理的职责、内容和方法

1）按照质量管理要求，确定监督管理的职责和内容；

2）结合监督管理业务具体情况，确定适合的监督管理方法。

（3）确定监督管理实现的过程、文件和资源需求

在各自监督管理实现策划书中对监督管理实现所需的过程、文件、资源进行明确。

（4）确定监督管理实现所需的过程

1）与监督管理顾客有关的过程；

2）监督管理设计和开发过程；

3）对参加监督管理工作咨询机构、外聘专家的聘用过程；

4）监督管理实施过程。

（5）监督管理实现所需的文件

开展监督管理工作需执行的引用文件、规范依据的主要类别包括：

1）质量管理体系文件；

2）管理制度；

3）标准、规范；

4）技术文件；

5）直接涉及型号研制生产的外来文件。

（6）监督管理实现所需的资源

开展监督管理工作的资源需求一般包括：

1）监督管理实施人员；

2）经费；

3）办公场所、办公自动化设备、通信设施；

4）工作环境；

5）信息管理系统、信息沟通平台。

（7）确定监督管理的验证、确认、监视、评价活动，以及监督管理接收准则

在各自监督管理策划书中确定监督管理的验证、确认、监视、评价活动，以及监督管理接收准则。

1）验证活动：确定适合的监督管理的验证活动，以证实是否满足监督管

理要求，验证有试运行、评审等方式。

2）确认活动：对监督管理过程进行确认。

当监督管理的范围及相关条件未发生变化时，每年对监督管理过程进行总结、分析和评价，证实监督管理过程具有实现目标的能力；当监督管理业务和人员、监督管理有关制度、工作手段、评价方法等发生变化时，对监督管理工作进行再确认。

3）监视活动：在监督管理业务实施过程中，监督管理业务主管部门、主管领导对监督管理业务进行监视或测量，按计划进行检查。

4）评价活动、接收准则及改进：结合各自监督管理业务特点，制定各自监督管理评价准则。每年按照监督管理评价准则要求，通过总结、报告等方式对监督管理进行评价，确定监督管理的有效性，找出不足，寻求改进措施及努力方向，为后续改进工作提供依据。

（8）监督管理应形成的记录、报告

在各自监督管理产品实现策划书中对主管的监督管理业务应形成的记录和报告进行细化和明确，一般包括：

1）监督管理要求识别、确定与评审记录；

2）与各类顾客沟通的记录；

3）监督管理设计和开发记录；

4）对参加监督管理工作的咨询机构、外聘专家的评价、选择记录；

5）监督管理业务实施过程记录；

6）监督管理分析评价记录；

7）监督管理不合格控制记录；

8）监督管理改进记录；

9）其他监督管理业务有关记录。

（9）确定监督管理效果评价和改进的数据收集和分析要求

针对监督管理效果评价和改进，确定数据收集和分析的要求。一般每半年进行总结，年终进行检查、分析和评价。

（10）确定监督管理风险管理要求

对监督管理业务及其实现的各阶段开展风险管理，识别存在的风险因素，判断风险发生的可能性和影响程度。针对风险事项采取有针对性的应对措施，并进行动态管控。为应对重大风险事件的发生，应制定切实可行的应对预案。

### 2.1.3.2　监督管理的主要方法和手段

为了实现监督管理的规范化和制度化，集团本级需要针对不同的业务特点和需求，明确监督管理的内容、方法和流程，其主要内容可考虑以下方面。

（1）建立规章制度体系

在系统梳理上级管理机关和各级顾客需求的基础上，对监督管理的业务进行细分，建立集团级规章制度体系，指导企业整体工作的推进。以质量管理工作为例，院将质量工作分解为质量管理体系建设、质量信息管理、质量分析、质量检验、质量问题归零、质量与可靠性课题管理、群众质量活动推进、质量奖惩等内容，并系统建立质量管理的规章制度体系，具体内容见表 2－1。

**表 2－1　院规章制度列表**

| 序号 | 规章制度名称 |
| --- | --- |
| 1 | 中国航天电子技术研究院航天型号精细化管理要求实施细则 |
| 2 | 中国航天电子技术研究院质量管理规定 |
| 3 | 中国航天电子技术研究院质量与可靠性信息管理办法 |
| 4 | 中国航天电子技术研究院质量分析工作管理办法 |
| 5 | 中国航天电子技术研究院质量问题归零和举一反三管理办法 |
| 6 | 中国航天电子技术研究院质量管理体系评估手册 |
| 7 | 中国航天电子技术研究院质量管理体系评估及审核管理办法 |
| 8 | 中国航天电子技术研究院质量管理体系评估最佳实践管理办法 |
| 9 | 中国航天电子技术研究院航天产品数据包管理办法 |
| 10 | 中国航天电子技术研究院质量与可靠性工作管理办法 |
| 11 | 中国航天电子技术研究院软件工程化管理办法 |
| 12 | 中国航天电子技术研究院质量技术专业技术支撑机构管理办法 |
| 13 | 中国航天电子技术研究院 QC 小组活动管理办法 |
| 14 | 中国航天电子技术研究院外包供方准入评定管理办法 |
| 15 | 中国航天电子技术研究院质量监督管理办法 |

续表

| 序号 | 规章制度名称 |
|---|---|
| 16 | 中国航天电子技术研究院自主研制型号放行准则 |
| 17 | 中国航天电子技术研究院质量奖惩办法 |
| 18 | 中国航天电子技术研究院质量责任追究管理办法 |
| 19 | 中国航天电子技术研究院质量表彰及曝光台管理办法 |
| 20 | 中国航天电子技术研究院黄牌警示制度管理办法 |
| 21 | 中国航天电子技术研究院技术基础课题管理办法 |
| 22 | 中国航天电子技术研究院质量检验工作管理办法 |

建立系统完备的规章制度体系是开展监督管理的基础和前提，这些规章制度成为企业上下共同遵守的准则，既是机关开展监督管理的依据，更是下属单位开展工作的依据。

（2）选择适合的监督管理方法

①现场监督检查

现场监督检查是开展监督管理最常用的一种方法，通常由本部业务主管部门组织相关领导、专家、相关人员共同实施，检查的内容包括本部机关业务工作中涉及的各方面内容，检查的依据包括上级的有关标准、制度和工作要求，以及本级的附加要求。检查的流程通常包括召开首次会议，实施现场检查，召开末次会议宣布检查结果并提出整改要求。在整改完成后，对整改结果报告进行确认审查，必要时，进行现场确认。

②会议交流沟通

针对某一主题召开会议，组织相关单位的代表及相关领域的专家，共同研究探讨，以期就某一事项达成共识，形成决议，会议决议即成为本部机关和下属单位开展相关工作共同执行的依据。通过会议进行沟通协调，可以提高工作效率、易于达成共识。

③电话网络等无障碍沟通

院机关和下属 19 个单位均实现了互联网连接。在日常工作中，各下属单位遇到问题可随时与本级机关通过电话或网络沟通。对于重要事件电话要保持电话记录并及时进行回复。对于院本级下发的制度、文件、重要通知，在履行正式行文手续的同时，通过内部网络发送到下属单位，可以提高工作的效率。同时，院建立了质量管理、计划管理、财务管理、人力资源管理等信息管理系统，实现了全院范围的信息共享和及时处理。

#### 2.1.3.3　年度监督管理活动的实施与控制

为充分发挥监督管理的作用，按年度需要对各项监督管理业务做好年度策划、实施和评价工作，充分识别年度监督管理内部、外部各项要求，根据监督管理各级顾客的要求和业务的实际特点，对年度工作进行策划并实施监督管理活动，主要工作内容如下。

（1）开展年度监督管理活动策划

①明确监督管理目标

依据中长期监督管理目标、规划目标要求，确定监督管理业务目标。

②识别监督管理工作依据

质量管理体系文件要求包括：单位质量方针、目标，与监督管理有关的程序文件、作业文件，与监督管理过程和业务有关的记录（如：监督管理计划等）。行政文件，即各类顾客单位自身与监督管理过程和业务有关的规章制度。

标准、规范，包括与监督管理过程和业务有关的国标、国军标、行业标准、企业标准和规范等。

技术文件，指与监督管理过程和业务有关的技术文件。

直接涉及型号研制生产的外来文件。

③识别、分析监督管理有关的风险

根据监督管理业务特点，结合面临的内外部环境因素，对监督管理实施过程中可能存在的风险进行识别，分析风险发生的可能性和严重程度，采取适当的风险控制措施，来消除、降低或规避风险。

④制定年度工作计划（包括质量计划）

按照监督管理产品实现策划的要求，对年度监督管理活动进行策划，明确各项监督管理工作实施的时间、方法、流程、人员以及所需的资源等内容，根据风险分析的结果，确定关键监督管理工作过程并制定风险控制措施。

（2）实施监督管理活动

按照年度监督管理策划的安排实施监督管理活动，在具体活动实施前，应形成监督管理的具体要求和流程，传递至下属单位，依据相关工作要求，完成监督管理活动，并完成监督管理的输出意见，包括报告、工作要求等形式。

（3）对监督管理活动进行评价分析

每年度对监督管理活动进行测量、分析、评价与改进，根据年度监督管理目标要求和年度工作计划安排，对全年监督管理活动的过程和结果进行分析评价，查找工作中的不足，分析资源配置的情况，评价是否达到预期的监督管理效果，为后续开展监督管理活动和持续改进奠定基础。

## 2.2 院质量管理的战略导向

任何一项工作都有其特定的战略背景。航天强国建设战略的提出和部署，给全体航天科技战线提供了一切工作的战略指针。航天电子作为中国航天强国建设的重要组成力量，在这一进程中发挥着重要的作用。

### 2.2.1 战略导向意义

#### 2.2.1.1 发展航天电子技术，是支撑航天强国建设的历史使命

航天科技是国家战略安全的基石，科技创新的先锋。

航天电子领域作为航天科技的基础性、关键性产业，在航天型号高密度发射常态化的情况下，保持战略定力，加强战略管控，创新管理、落实责任，在型号任务和质量管理方面均取得了显著进步，圆满完成了国家各项重大战略任务。

随着新一轮工业革命的兴起，新时期国防装备和航天科技工业在体系化、信息化方面的要求日益提高，而航天电子技术是实现智能化、信息化的核心技术，是国外对我国航天卡脖子的领域。在未来太空、网络、海洋等高边疆领域，航天电子作为重要的核心技术之一，对于摆脱外部封锁、实现自主发展至关重要。

作为我国航天电子领域的生力军，院时时刻刻不忘初心，牢记使命，以质取胜，始终把型号任务圆满完成、高质量保证成功作为第一责任。当前，院正与航天科技工业一同迎来国家战略力量建设、空间基础设施建设、空间探索活动实施和航天外防务装备加快发展等一系列机遇和挑战，高质量完成国家重大专项工程和重点型号任务是院支撑航天强国建设的历史使命。因此，院始终坚持质量立院、质量兴院的理念，以高度的历史责任感和使命担当，推进航天电子技术的发展，提供高质量的航天电子产品和服务，取得了一系列核心技术的突破，为我国航天事业的发展提供了有力的支撑，也为未来航天强国建设奠定了坚实基础。

#### 2.2.1.2　强化航天电子产品质量，是航天质量文化的重要组成

中国航天的质量文化，经历了在实践中总结、在总结中创新、在创新中升华的过程。它既有源于工程实践的质量管理理念和方法的原始创新，又有质量与可靠性技术和系统工程管理方法的有机结合，还有借鉴国外先进质量管理经验的消化吸收。以高质量的航天产品和服务赢得用户满意为目标，强调以人为本、以质取胜、系统管理、持之以恒，是航天电子人在内的航天人孜孜不倦的追求。

通过全面系统地开展治理管理体系建设和产品保证能力建设，不断完善型号设计、生产、试验和服务全过程的质量控制，为航天事业的发展做出应有贡献，是每一位航天工作者的不懈追求。院秉承“创人类航天文明、铸民族科技丰碑”的使命，始终坚持质量是生命、质量是基础，前期能够取得如此巨大的成就，与优良的质量文化和作风密不可分。

“严肃认真、周到细致、稳妥可靠、万无一失”作为航天科技质量座右铭，已经深入每项工作中，严肃认真是工作态度，周到细致是工作方式，稳妥可靠是工作要求，万无一失是工作目标。周总理的这十六字方针，成为航天质量文化的核心要义。每一个航天人、航天电子人，都在以实际行动践行诚实守信、遵章守纪、严慎细实、持续改进的质量行为准则。

#### 2.2.1.3 发展航天电子技术，是实现核心技术自主可控的重要保障

关键核心技术是要不来、买不来、讨不来的。航天电子产品是航天产品中用途最广泛、涉及种类最全的，广泛用于国防科技、国民经济相关产业领域，也是国际市场的有力竞争者。可以说，航天电子技术是国家电子技术的前沿代表，直接反映一个国家的科学技术发展和创新水平。有些高端宇航元器件和单机产品是世界航天强国最为看重的核心技术，严格控制。航天电子技术和产品是最基础、市场竞争最激烈、最易受国外封锁制裁的“卡脖子”领域，已成为制约我国国防科技工业发展和向航天强国迈进的五大瓶颈之首。

国务院《国家中长期科学和技术发展规划纲要》《“十二五”国家战略性新兴产业发展规划》以及发改委《战略性新兴产业重点产品和服务指导目录》都将航天电子产品列为国家战略性、关键性产品，其产品的技术水平、自主可控程度都关乎国家重大装备和工程的研制进程。

院是首批获得国家战略性新兴产业支持的单位（重大装备制造领域—天基基础设施—核心电子技术），也是航天综合实力最强的集成电路和嵌入式计算机、机电组件和传感器研制生产单位，同时还是发改委认定的卫星导航应用国家工程研究中心建设单位，全国宇航电子分标委秘书处单位和高端装备制造业标准化试点单位。可以说，在实现航天电子技术全面自主可控的进程中，院担负着义不容辞的责任，也始终秉承着功成不必在我、功成必定有我的原则，努力实现国家重点工程和重大项目的自主创新驱动。

#### 2.2.1.4 建设高水平质量文化，是院实现自我提升的重要源泉

(1)“以质取信”是企业立足之本

企业价值观作为企业员工所拥有的共同信念和判断是非的标准，以及调节行为和企业内外关系的规范，是企业文化的核心，对企业的生存和发展至关重要。而企业质量文化则是一种以企业全体员工追求高质量的工作和高质量的产品或高质量的服务为核心的企业文化。院秉承“发展航天电子技术，建设国内领先、国际一流航天电子企业集团”的使命，努力实现“成为国内领先、国际一流的航天电子和信息技术、产品及系统集成一体化解决方案供应商”的奋斗

目标，其中的质量文化就是“以质取胜”的重要体现。航天电子改革重组 15 年来，勇当改革排头兵，艰苦创业、努力拼搏，不仅成为航天系统电子产品配套中坚力量，还成功进军了军工电子等诸多领域，成功实现了新兴产业的拓展和孵化，取得了显著的社会效益和经济效益。院取得的这些成就，与以质取信、以质取胜的价值观是密不可分的。先进的质量文化、科学的质量体系，确保了生产出来产品的质量，确保了航天重大型号任务的成功，确保了企业良好的信誉度和形象。

（2）以质取胜，赢得顾客信任

院改革重组以来，按照坚持、完善、发展的思路，狠抓产品研制生产质量，强调从源头抓起，实施零缺陷质量管理，全过程受控，确保一次成功，并且不断总结型号产品研制生产和质量管理工作中的新观念、新理论、新做法和新经验，提出并有效实施了一系列强化质量管理措施。提炼出具有当代中国航天、航天电子特色的质量工作作风。加强质量问题归零等工作，强调归零彻底到位，且注重对质量问题的综合分析，在此基础上，注重建立长效机制。全面实行零缺陷质量管理，各项技术工作和管理工作第一次就做对、做好，各环节、各零部组件全面优质，确保大型试验和飞行任务一次成功。既包含了质量理念和质量目标，又反映了对工作具体的质量要求。不仅追求最终该产品的零缺陷，更要追求第一次就达到零缺陷。

（3）追求高质量成为每个人的习惯

建立和健全各种质量法规和制度是培育并保持质量文化的重要保证。质量文化的培育，需要透明的成套的法律和市场运行准则的约束。树立质量观念，提高全体员工的质量意识，是院推进质量工作的重要环节。高质量产品的实现，归根结底还是人的因素最为重要。因此，院对企业职工进行了深入、广泛的质量文化教育，在企业内部形成了人人重视质量、人人参与质量、人人保证质量的良好氛围。同时通过质量法规教育、质量意识教育、质量的重要性教育、质量管理知识和与质量有关的专业技术知识教育等多个层面，对全员开展质量文化的宣贯。质量管理，只有从管理入手，从人的意识和习惯入手，通过思想与态度的转变，通过预防为主而非事后把关的质量行为习惯的形成，才能真正有效地帮助企业成为有用的诚信的组织。质量即诚信，即组织对承诺的信守，所以如果让每一个员工、让整个组织都能说到做到，第一次就做到，次次都做到，实质上就是让质量成为一种习惯。也只有当质量成为大家的习惯时，才有可能实现顾客对产品质量满意的目标。

（4）质量文化树立良好的企业形象

树立良好的企业形象，对企业的发展具有非常重要的意义。它可以给企业带来极高的商誉，使企业在市场竞争中，以强大的竞争软实力赢得更多顾客的支持，从而创造更多的利益；同时它可以使企业对外提高商业信用，有利于吸引新的资源，对内稳固企业核心人才队伍，提高人才素质，增强企业创造力。企业形象的树立有多种途径，但最重要的是质量因素。没有质量做支撑，任何华丽的外衣都掩盖不了内在品质的粗陋。一个企业注重质量，必然有相应的质量文化，质量文化是注重管理和对顾客负责的现代意识和文化环境，它通过文化的渗透规范人们的行为和提高人的质量价值观。院十分重视企业质量文化的建设，在质量文化的指导下，企业上下凝聚到一个共同的方向：质量第一位、保证质量方针、实现目标。浓厚的质量文化带给企业的无形资产是巨大、持久的，带来的效益体现在良好的企业形象上。良好的企业形象，是市场经济竞争下的必然需求。

### 2.2.2　战略导向，真抓落实（过程导向模块与差异导向模块）

战略目标的完成，需要保持战略定力，切实提高战略执行力。高质量保证成功，高效率完成任务，高效益推动国防建设和航天强国建设，是我们未来一段时间的战略目标，这就需要对事关长远和全局的核心能力深入谋划，狠抓落实，实现质量管理的精细到精益再到卓越的跨越。

#### 2.2.2.1　抓质量管理体系建设与运行

质量管理体系（Quality Management System，QMS）是指在质量方面指挥和控制组织的管理体系。质量管理体系是组织内部建立的、为实现质量目标所必需的、系统的质量管理模式，是组织的一项战略决策。

它将资源与过程结合，以过程管理方法进行系统管理，根据企业特点选用若干体系要素加以组合，一般包括与管理活动、资源提供、产品实现以及测量、分析与改进活动相关的过程，可以理解为涵盖了确定顾客需求、设计研制、生产、检验、销售、交付的全过程的策划、实施、监控、纠正与改进活动的要求，一般以文件化的方式，成为组织内部质量管理工作的要求。

质量管理体系特性包括以下几个方面。

（1）符合性

要有效开展质量管理，必须设计、建立、实施和保持质量管理体系。组织的最高管理者对依据 ISO 9001 国际标准设计、建立、实施和保持质量管理体系的决策负责，对建立合理的组织结构和提供适合的资源负责；管理者代表和质量职能部门对形成文件的程序的制定和实施、过程的建立和运行负直接责任。

（2）唯一性

质量管理体系的设计和建立，应结合组织的质量目标、产品类别、过程特点和实践经验。因此，不同组织的质量管理体系有不同的特点。

（3）系统性

质量管理体系是相互关联和作用的组合体，包括：1）组织结构——合理的组织机构和明确的职责、权限及其协调的关系；2）程序——规定到位的形成文件的程序和作业指导书，是过程运行和进行活动的依据；3）过程——质量管理体系的有效实施，是通过其所需求过程的有效运行来实现的；4）资源——必需、充分且适合的资源包括人员、资金、设施、设备、料件、能源、技术和方法。

（4）全面有效性

质量管理体系的运行应是全面有效的，既能满足组织内部质量管理的要求，又能满足组织与顾客的合同要求，还能满足第二方认定、第三方认证和注册的要求。

（5）预防性

质量管理体系应能采用适当的预防措施，有一定的防止重要质量问题发生的能力。

（6）动态性

最高管理者定期批准进行内部质量管理体系审核，定期进行管理评审，以改进质量管理体系；还要支持质量职能部门（含车间）采用纠正措施和预防措施改进过程，从而完善体系。

（7）持续受控

质量管理体系所需求过程及其活动应持续受控。质量管理体系应最佳化，组织应综合考虑利益、成本和风险，通过质量管理体系持续有效运行使其最佳化。

由于质量管理体系是代表现代企业思考如何真正发挥质量的作用和如何最优地作出质量决策的一种观点，是深入细致的质量文件的基础，是使公司内更为广泛的质量活动能够得以切实管理的基础，也是有计划、有步骤地把整个公司主要质量活动按重要性顺序进行改善的基础，因此，是企业战略导向的首要前提。

①抓好用好 GJB 9001C 版质量体系

《质量管理体系要求》（GJB 9001C—2017）为中华人民共和国国家军用标准，也叫《武器装备质量管理体系认证》，依据《武器装备质量管理条例》相关规定，武器装备以及用于武器装备的计算机软件、专用元器件、配套产品、原材料都应进行质量管理，武器装备论证、研制、生产、试验和维修单位应当建立健全质量管理体系，对其承担的武器装备论证、研制、生产、试验和维修任务实行有效的质量管理，确保武器装备质量符合要求。

GJB 9001C 版质量管理体系是与航天要求高度结合的，纳入了很多航天的经验。在实际工作中要围绕航天型号研制流程与管理业务实施流程控制，加强风险管理和知识管理，强化责任落实和持续改进，将体系要求融入产品实现各流程、各环节，不能搞两张皮，切实建好、用好体系。

GJB 9001C 相较于旧版标准的变化主要体现在九个方面，具体内容如下：

1）明确领导作用；

2）基于风险的思维；

3）开放式体系；

4）“一个”变“二十三个”；

5）强调“适用性”；

6）用“关系管理”代替“供方管理”；

7）知识成为资源；

8）体系管理到产品保证；

9）追求本地化。

通过对这九个变化的深入分析，院认为新标准变化最核心的部分是强调标准适用性，即对标准的理解和将标准要求的“本地化”是体系建立、运行的关键。各单位只有立足实际，将质量管理本地化，才能取得实际效果。因此，在针对性补充质量管理体系九个方面要求的基础上，对原有体系进行了有侧重的完善，重点体现在三个主要板块。

A. 强化院和各级领导特别是第一责任人的作用

新版质量管理体系标准在内容上很明显的一个变化就是强化了领导作用的发挥。标准中直接明确规定了组织的最高管理者需要履行的 14 条承诺要求：

a）对质量管理体系的有效性负责；

b）确保制定质量管理体系的质量方针和质量目标，并与组织环境相适应，与战略方向相一致；

c）确保质量管理体系要求融入组织的业务过程；

d）促进使用过程方法和基于风险的思维；

e）确保质量管理体系所需的资源是可获得的；

f）沟通有效的质量管理和符合质量管理体系要求的重要性；

g）确保质量管理体系实现其预期结果；

h）促使人员积极参与，指导和支持他们为质量管理体系的有效性做出贡献；

i）推动改进；

j）支持其他相关管理者在其职责范围内发挥领导作用；

k）确保组织内质量部门独立行使职权；

l）对最终产品和服务质量负责；

m）确保顾客能够及时获得产品和服务质量问题的信息；

n）建立诚信管理制度，确保组织的质量诚信。

应该说，GJB 9001C 对领导作用的内容更加具体明确，因此，在院质量管理手册中，进一步强调了院长、各单位一把手的领导作用是组织质量管理体系建立、实施、保持和改进其有效性的关键。确保在院、厂所领导中有一名成员协助分管质量管理体系工作，并明确第一责任人对体系有效性的责任不能被代表（由他人承担）。

B. 基于风险思维，强化应用过程方法

标准要求组织具备应对与组织环境、目标相关的风险与机遇的能力，关注组织自身及相关方满意，提升质量管理体系的有效性和价值。院和下属各单位在完善质量管理原则的同时，进一步将质量管理原则贯彻落实到具体的质量管理体系要求中，对标准要求按照过程方法进行了重新调整与排序；强化过程方法及其应用、增加单位环境管理与风险管理要求，使质量管理体系的“大”过程及其在 PDCA 过程中的内外部环境因素，与风险识别与控制的策划、过程管理的顺序和结构与环境管理体系、职业健康安全管理体系更具相容性，便于单位整合相关过程与要素、发挥系统管理优势、提高整体运作的有效性和效率。

C. 处理好质量管理体系与航天产品保证的协调融合

标准进一步体现、深化了产品保证的要求和内涵。对于组织来讲，质量管理体系为质量管理和产品保证提供了一个基础和平台。其中，产品保证是针对特定任务的个性化和量化的质量要求，质量管理为产品过程质量控制提供通用要求，产品保证为产品质量控制提供具体的依据，过程质量控制是确保产品要求得到落实的具体证实，两者在质量管理体系的统一约束和支持下，相互支撑，才能实现研制任务一次成功的目标。因此，按照质量管理体系要求形成的特定产品的质量要求及其落实的全过程就是产品保证管理。院及各单位认真研究分析产品的质量要求及其落实过程，将若干个不同的型号产品保证要求相叠加，形成最大化的质量管理和质量控制要求，固化形成各级标准规范，并为此分配职责、配备资源、实现持续改进。

通过上述板块的改进和优化，使得院及各单位质量管理体系更加符合组织面临的环境变化的特点和质量管理新的发展要求，能够更好地结合实际运用过程方法实施质量管理体系，提升质量管理水平及组织整体风险防控能力和绩效，提高顾客满意度和社会效益。

②切实落实好航天精细化质量管理要求（新 28 条）

2009 年，为适应当时“三高两重”的新形势和新任务需要，航天科技集团将几十年来航天质量管理的经验归纳为 28 条，形成了《航天型号精细化质量管理要求》，成为指导航天型号质量工作的顶层管理文件。

在经历了 2011 年的修订后，2017 年，航天科技集团针对高强密度发射形势，再次对其进行了修订，增加了“加强外协、外包和外购产品质量管理”一章，并对部分条款进行了增加或删减，形成了指导航天型号质量管理的新的顶层文件，即新 28 条（2017 版，简称新 28 条），切实提高各单位、各型号队伍的质量管理能力和水平，确保圆满完成后续航天型号研制生产试验任务。

抓好体系建设和运行，还要扎实落实航天精细化质量管理要求。如前文所述，新版 GJB 9001C 广泛吸收和采用了航天质量管理的经验和方法。航天科技集团也将这些经验和方法进行了再提炼，形成了《航天型号精细化质量管理要求》（2017 版）。这 28 条要求，是航天科技战线当前和今后一段时期质量工作顶层纲领性文件。落实好这 28 条，是保证航天产品、航天电子产品质量，完成型号任务的基础。落实新 28 条，关键在于落实到型号科研生产的每个方面、每个环节、每个过程和每个岗位（见图 2－1），要确保新 28 条的落实，一是要抓好工作分解，二是要抓好领导责任，三是要抓好执行责任，四是要抓好监督管理。

图 2－1　落实新 28 条的关键

#### 2.2.2.2 抓产品建设

企业一切质量工作的最终目的是提供顾客信赖的产品，因此产品建设是实现高质量的根本出发点。随着未来航天市场化发展趋势的新变化，夯实产品化工作基础，确保产品化工作与工程实际应用深度结合、与用户及客户需求深度结合，成为提升产品质量的先决条件；同时，加强产品通用化、系列化、模块化设计和差异化管理，分步实施、稳步推进通用单机/部组件产品去型号化，迭代推进产品化工作向纵深发展，是保持产品始终处于高质量水平的基础。

（1）产品化工作

航天产品化工程，是以产品标准化为基础，以顾客认可为核心，以创新工作流程、转变管理方法为保障，通过全面推进航天型号配套单机产品的通用化、系列化和组合化，建立通用产品型谱，逐步提高产品成熟度，来提升产品质量和管理竞争力。产品化工程是否成功，实质上就是能否提供真正一流的航天产品，而其重要标志就是产品能否被用户选择，得到顾客认可。如何让顾客认可、满足顾客需求并最终满意呢？首先，还是应该了解顾客需求和期望。顾客期望包括明示的、隐含的或模糊的。顾客对交付产品满足或超过期望程度的感受决定顾客满意度。清晰地区别组织对交付产品质量的看法与顾客对交付产品的感受是至关重要的，因为后者决定顾客满意度。顾客满意概念模型可进一步描述组织与顾客对于质量看法之间的关系（见图 2－2）。

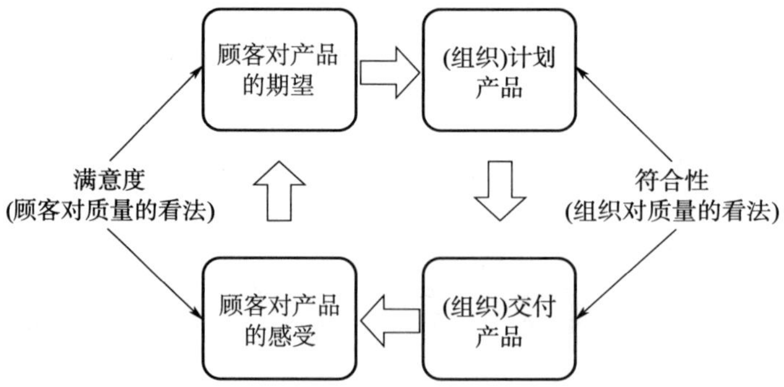


图 2－2 顾客满意概念模型

承制单位往往关注产品的符合性，而顾客关注的是接受产品与期望产品的差异，简言之，成功（合格）不等于成熟（满意）。如果承制单位不改变这个观念，那只能对着自己库房里“通用、系列、模块”的滞销产品来抱怨自己的“伪产品工程”。其次，如何预测顾客潜在需求，通过产品化工程超越顾客期望，达到顾客满意呢？以苹果公司产品为例，在出品之前，就能让消费者期待并认可它。它给消费者一个信息，如时尚的外壳、丰富的软件资源库……使得 iPhone 产品发布后消费者排队等着它上市购买，这个就是产品化工程的最好实例。可以通过分析产品特性与顾客满意的关系来满足顾客的潜在期望，实现真正的产品化工程。在图 2－3 中，卡诺模型展现了产品特性与顾客满意之间的关系。该模型定义了 3 个层次的顾客需求：基本型需求、期望型需求和兴奋型需求。这 3 种需求根据绩效指标分类就是基本因素、绩效因素和激励因素。

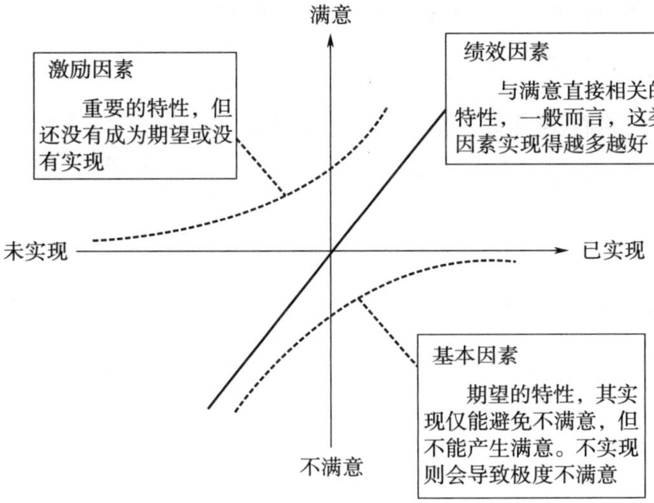


图 2－3　各种特性与顾客满意之间的关系

基本型需求是顾客认为在产品中应该有的需求或功能。这些基本需求就是产品应有的功能，如果产品没有满足这些基本需求，顾客就很不满意。相反，当产品完全满足基本需求时，顾客也不会表现出特别满意，因为他们认为这是产品应有的基本功能。

期望型需求要求提供的产品或服务比较优秀，但并不是“必需”的产品属性或服务行为，有些期望型需求连顾客都不太清楚，但是希望得到。在市场调查中，顾客谈论的通常是期望型需求，期望型需求在产品中实现得越多，顾客就越满意；当没有满足这些需求时，顾客就不满意，这就迫使企业不断地调查和了解顾客需求，并通过合适的方法在产品中体现这些要求。

兴奋型需求要求提供给顾客一些完全出乎意料的产品属性或服务行为，使顾客产生惊喜。当其特性不充足时，并且是无关紧要的特性，则顾客无所谓(因为顾客想象不到)，当产品提供了这类需求中的服务时，顾客就会对产品非常满意，从而提高顾客的忠诚度。

图 2－3 中 3 条曲线是与顾客满意有关的 3 个特性：基本因素、绩效因素和激励因素。其中“基本因素”是顾客期望的特性，这种期望的实现只是防止不满意，但不能产生满意，如果不能实现则会导致极度不满意。而且这些期望经常不明确表示，但是很重要。例如：采购的陀螺，精度能否满足要求。“绩效因素”是直接影响顾客满意或不满意的产品特性，即实现得越好，顾客越满意，顾客明确地寻求这些特性并赋予很高的价值。例如：交货的及时性、产品说明书的详尽程度等。“激励因素”是潜在的对顾客非常重要的产品特性，但是当前没有明确说明或未预见。这些特性能提供未来的发展和竞争优势。如果这些因素没有实现，不会引起不满意，因为不是期望的或预期的，但是这些特性的实现对满意有非常积极的影响。不过重要的是要注意这种特性处在变化中，可能很快成为“期望”的因素。例如：提供价格更低、性能更优、自身重量更轻、功耗更低的星上产品。真正识别顾客满意的相关特性和组成部分，了解顾客不满意的潜在原因和因素，确定组织的战略、产品、过程和顾客关注特性的改进机会，得到用户认可，实现组织的目标，从而实现产品化工程。

以院为例，院制定了产品化的发展目标，即：力争到“十三五”末，初步形成满足型号需求、涵盖各层级的型谱化航天电子产品体系，建立基于专业发展的产品管理和成熟度产品货架式供应的组织模式，满足未来型号任务需求。院产品化推进从四个方面入手（见图 2－4）。

①抓好型谱产品建设

产品型谱是产品通用化和系列化两种标准形式的有机结合与发展。就一个产品而言，通用性是有限的，只能满足一定范围、一定条件下的使用要求。为了扩大某一类产品的适用范围，就必须增加该类产品的规格，构成产品系列，

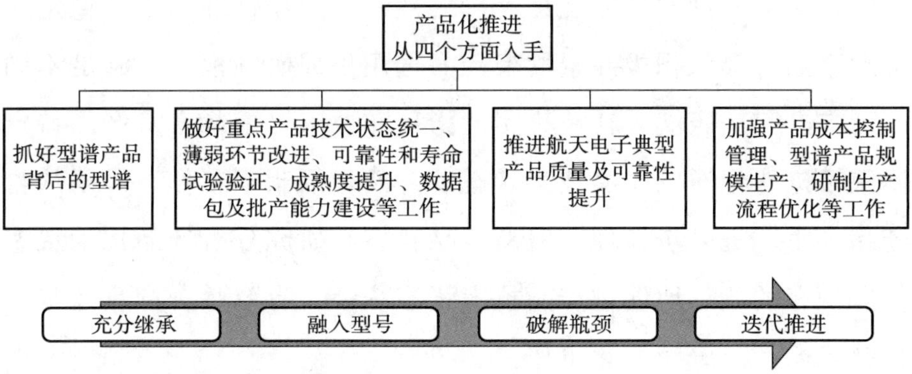


图 2－4　产品化推进的四个方面

但产品的规格不能无限制扩展，需要经过分析、比较、选优，用最小数目的不同规格产品来满足全部使用要求。将所有这些不同规格产品汇集整理形成新的产品系列，这就是产品型谱。因此，产品型谱可定义为“以最少数目的不同规格产品为标志的、能满足较长时期及一定范围内全部使用要求的产品系列”。

推动产品型谱建设可以让“型号研制任务牵引的研制模式”向“基于成熟产品选用的系统集成模式”转变，缩短型号研制周期，降低研制技术风险，提高科研生产效益，确保型号性能与可靠性，加速专业技术进步。产品型谱是一种产品系列，但它绝不是将现有产品简单汇总而成的目录，而是具有一系列特定要求、经过优化的产品系列，在时间上必须满足较长时期内型号研制对本类产品的全部使用要求，所以产品规格应尽量完整、无漏项；型谱必须是由“最少数目”的规范化产品组成，型谱内所列产品的规格互相不重复，前后两档产品的规格最好能无缝衔接。

②做好重点产品技术状态统一

近年来伴随航天多型号并举、高密度发射，同一/不同单位研制的同种产品在多个型号上应用的情况越来越普遍。由于不同用户对产品的需求不同，型号任务之间在技术和管理上的差异，导致技术状态不统一等现象尤为突出。为此，航天科技集团在 2016 年、2017 年党组一号文及型号工作会中分别提到通用单机/组件要逐步落实去型号化工作，产品化方面也同时要求各单位逐步开展通用产品技术状态统一和控制，建立通用产品研制生产流程、数据包、验收与配套制度，形成一批“性能优良、可靠性高、通用性强、质量稳定、经济性好”的货架产品，要求积极探索货架产品选用集成研制模式，满足不同型号与用户选用需求。院按照航天科技集团的指示和要求，围绕自身产品特点，提出协同总体院推进典型通用产品技术状态统一及标准制定工作，策划从自身核心元器件产品入手，进一步梳理、汇总产品状态，研究分析产品技术状态多样化的原因，以便有的放矢地促进产品技术状态统一，有效整合产品及其标准，支撑航天科技集团产品去型号化工作。

院一方面结合自身产品特点，按航天科技集团对产品成熟度的定级规定将产品所属型号规格进行排列建档，先后配合完成型谱产品简表的建立，对自身产品配套型号任务之间的关联性及各自功能特点、产品独有的技术参数及外形等方面有了较深的认识；另一方面院部分单位针对同类产品执行不同用户采购标准衍生产品规格多样的现象，启动开展了用户采购规范的对比分析工作，初步思考运用最大包络的方法分类统一产品技术状态，为进一步实施产品品种优化工作奠定基础。但不论是建立产品型谱序列还是统一用户采购规范，它们都是在产品通用性和系列化两种标准化形式上的结合和发展。在此基础上，进一步结合产品技术优势，提炼成熟且多产品复用单元的技术内涵，将产品优化工作向更深层次拓展，具体体现在以下两个方面：

1）模块化产品平台。产品平台是一个集成、管理的特征集合，在它的基础上构建产品，内容涵盖整个系列产品所采用的共同要素的集合，主要包括共用系统架构、子系统、模块/组件、关键零件、核心技术、基本技术。模块化是实现产品平台的一个重要方法。平台产品、产品平台、产品系统结构及其关键技术的关系如图 2－5 所示。

2）共享构件模块化。共享构件模块化是指同一构件被用于多个产品中，且该构件单独使用时不产生真正意义上的用户定制，需要与其他类型模块结合使用，才能组成符合用户需求的定制化产品。即通过减少同系列产品相似零部组件的数量，降低具有高度多样化的产品系列的总体成本。例如，771 所计算机产品中的处理器最小系统，通过相同的安装方式，标准化接口可以配套不同产品满足总体用户对运载火箭、战略导弹武器飞控、制导控制需求，达到提高

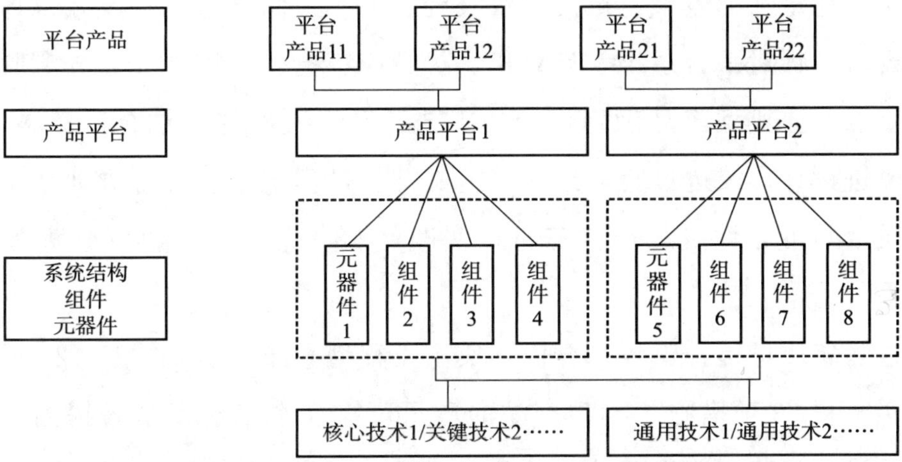


图 2-5　平台产品、产品平台、产品系统结构及其关键技术的关系

产品可靠性、缩短设计周期、减少过程质量问题以及降低成本的目的。将该处理器作为共享件使用配合不同类型的产品，可快速形成满足用户需求的产品。

③推进典型产品质量及可靠性提升

典型产品的质量及可靠性提升对于产品化工作提升具有良好的示范和带动效应。因此，院一方面面向产品，强化技术风险管控，提升质量保证能力。治理问题多发产品、常见病、多发病，完善共性问题治理机制。如针对惯性器件、电连接器、继电器等专业问题多发产品，开展专项治理，制订措施和计划，加强技术研发和资源投入，切实识别和改进影响产品质量的薄弱环节。梳理确定静电损伤、多余物、虚焊、错漏焊、惯性仪表参数变化等研制生产中存在的“常见病”“多发病”，从技术和管理两个方面分析问题原因，制定和落实有效的纠正措施，并形成相应的标准规范，将通用的技术、操作、管理规范上升为院级标准。坚持每年开展共性问题识别与治理工作，强化对共性质量问题治理效果的评价和考核，配备必要资源，实现持续改进。设立院共性问题治理专项基金，逐年分析识别解决制约院型号产品质量的共性问题，通过坚持不懈的治理工作，解决一批共性问题，提升产品质量。

另一方面，围绕典型通用产品，深入开展“三再”（再设计、再分析、再验证），提升产品可靠性水平。在前期已经开展并取得阶段成果的惯性器件三浮仪表“三再”工作基础上，继续完成后续工作，监测“三再”对提高三浮仪表合格率和稳定性的效果。对三浮仪表“三再”工作进行总结及效果评价，形成工作要求。针对平台系统、计算机、扩频应答机、遥控单元、分离脱落电连接器等重点专业典型产品做好设计、工艺、操作人员的三结合，开展“三再”工作，改进设计，改进过程，细化工艺文件和过程记录，院开展评估工作，提高产品质量与可靠性。总结“三再”实践经验，完善“三再”管理和实施办法/指南。

通过三年质量提升工程，全面落实了工程型号产品示范项目121项工作和基础夯实工程73项措施。典型产品的质量可靠性水平有了显著提高，一些重点产品的设计与验证能力逐步提升，治理问题多发产品，狠抓过程质量管控，生产现场管理更加规范，装备质量和操作便捷性得到提升，顾客满意度不断提升，发布了质量提升工程通用验收标准，明确了工程验收工作流程和要求，促进了产品质量和基础能力提升。

北京航天控制仪器研究所“用户满意工程”靠前保障中心在海南正式建成，落实了军地融合的创新举措。飞鸿公司“无人机用户满意工程”建成了快速响应售后服务体系，训练出5支可独立完成飞行保障任务团队。825厂通过分离脱落电连接器产品化研究，将分离脱落产品中通用件占比从原来的25%提高到50%，全面提高了产品标准化系数；对分离脱落产品进行整合压缩，将27个系列产品压缩至6大系列，产品规格由81个压缩至51个。772所“宇航用抗辐照FPGA器件可靠性提升”，显著改善了倒装焊器件质量与可靠性，倒装焊底部填充空洞率＜5%，测试覆盖率提升至95%以上，测试效率提升4倍。

④加强成本控制和流程优化等工作

在生产状态方面，产品零件、组件品种规格繁多，极大地增加了采购、验收及库存管理等成本。元器件产品以其通用性、可互换性特点获得广泛应用，其成批大量生产使得制造成本降低。航天外大部分元器件产品生产厂家均采用专业化生产流程，进行批量生产，最大限度地控制产品的制造成本，并在销售过程中规定订货起点，若订货数量达不到订货起点及批量生产要求，需增加采购价格；航天系统内由于配套航天型号任务的特殊性，元器件产品订货量相对较少，同时为了保证产品精度和发射任务的一次成功，用户采购有时不计代价，严格把控产品质量、加严产品各项性能指标。研制生产单位为了获取配套任务有时不计成本，造成了产品状态多样化的现象，同时为了确保交付产品质量并满足用户使用要求，元器件研制生产单位采购的所有零部组件需要进行验收检验和规范的库存管理，品种规格越多，所需的验收检验及库存管理费用越高。因此不论是产品研制生产方还是用户采购方，开展产品优化工作既是提高品种规格集中度及单个规格产品的复用数量、节约采购成本的有效途径，又是促进产品研制生产单位及时配套、加速研制、提高效率的手段。此外，品种规格的减少，还能够减小检验人员的工作强度，节约企业大量的检验费用，减少零部组件的库存量，方便产品管理，节约管理经费，有利于企业可持续发展。

过程管控和售后方面，产品品种规格多，给企业的制造管理和后期保障带来困难。产品品种规格优化工作做得不够到位，会造成产品规格多，且单一规格研制数量少，不同批次产品质量一致性程度大大降低，质量保障能力低，严重时会导致质量问题影响产品可靠性。同时产品品种规格的增多，不仅造成生产制造装配工具、设备设施和配套零部组件的增加，在后期维修维护时还需要配置相应的资源，给产品后期保障带来很大程度的不便利。特别是对于需求较大的产品（如 825 厂的电连接器配套航天型号率 95%以上），更应该做好产品品种规格的优化工作，从传统的“大而全、小而全”的橄榄型模式中解脱出来，转换成只抓产品设计研究和市场开拓的哑铃型企业，最大限度提高产品可靠性，提高产品快速交付能力，降低产品制造成本。

院在产品化的实践过程中，坚持目标牵引，转变观念，全面提升能力；坚持问题导向，推动管理模式和体系的调整优化；坚持技术进步，不断提高工艺水平和检测手段，提高生产效率。

1）目标牵引，转变观念，提升产品化效能。院是航天电子专业院，与型号总体院不同，产品种类多、涉及面广、配套型号多是院产品的突出特点，因此，产品化工作对院有更为迫切的现实意义。而如何发挥产品化工作的作用则是需要进行积极探索和实践的。

提升产品化工程的效能，就是要理解顾客当前和未来的需求，为顾客创造需求和持续提供解决方案，以进一步可靠地满足顾客要求并争取超越顾客期望，实现顾客持续认可。什么是解决方案？解决方案是指针对顾客的需求、问题、期望、愿景和目标，帮助顾客正确地识别需求、解决问题、满足期望、实现愿景和达到目标的方法和措施。提供“解决方案”不仅要满足顾客要求，更追求超越顾客期望。为此，产品化工程的对象、内容、概念应是把产品及其特性扩展和上升到为顾客提供“解决方案”的高度。做解决方案提供商，就是把顾客的需求更好地放在第一位，把发现、识别、激活、加工、满足顾客的需求和超越顾客期望、提升顾客认同作为组织营销的关键。

对提供单机产品的组织来说，做解决方案提供商，就是在满足顾客要求并对国内外专业技术和产品充分调研的基础上，进一步做好超越顾客期望的产品发展规划，从技术发展和产品应用角度，针对不同顾客对产品性能指标的不同要求，系统策划和建立单机产品型谱及产品簇，为供方、合作方、组织的内部和外部顾客建立、健全、提供一个产品及其特性（需求、期望、愿景）的沟通平台，满足不同顾客及相关方的需求。如随着惯性技术的发展，光纤惯性组合开始在卫星上搭载，又因其性能可靠进而被确定为备份产品。在经过多次考核和验证后，光纤惯性组合逐步取代主份产品并出色完成任务。光纤惯性组合因其较传统惯性器件更优的性能价格比而完全取代了传统惯性器件的使用，实现了卫星用惯性器件产品更新换代。神舟八号与天宫首次对接任务的发射，创造了运载火箭发射精度的最高纪录，也得益于惯性器件的改进升级。单机配套产品的先进技术，推动和引领了航天产品的更新换代。光纤陀螺型谱的建立，就是以优化和效率原则来规划、设计不同规格型号的系列产品（或产品系列），形成具有精良结构的产品谱系，同时实施产品规格化、产品簇研发，减少重复，把握和利用好相同或相似的产品结构和性能，以高效率地满足不同的顾客（系统）要求和顾客当前与未来需求，持续达到和增进顾客满意度。产品质量没有“最”的概念，重要的是将要求识别清楚，将产品功能定义清晰，在限定时间、限定条件下实现相对的产品系列及结构、质量更优，更好地满足顾客需求，提升产品质量和管理竞争力与顾客认可，有效和高效地达到产品化工程的目的。

2）坚持问题导向，推动管理模式和体系的调整优化。鉴于院产品对口型号和单位多、要求不统一等情况，院积极推动相关单位与总体单位“结对子”工作，已先后完成院 825 厂与一院 12 所对连接器、院 165 厂与一院 12 所对继电器、院 693 厂与一院一部对连接器和电缆网等“结对子”签约。这些单位虽然属于不同院，但已有多年协作配套基础，以 825 厂为例，在航天科技集团产品化“结对子”工作推进中，双方积极响应，密切对接，率先制定出 825 厂与 12 所“结对子”协议，并于 2017 年 9 月成功签约，成为航天科技集团首对“结对子”单位，开创了产品化推进与管理的新模式。

“结对子”后，厂所成立了以双方“一把手”为组长的协同推进工作领导小组，通过供需双方“结对子”，规范 12 所分离机构产品选用控制，促进 825 厂产品型谱优化、生产效率提高和产品质量提升，并在物资战略储备、军品研制领域深化所厂合作。

双方制定了详细的年度推进计划，并明确了以共建型谱发布、分离脱落产品标准制定及审查、分离脱落和级间产品货架建设等为年度里程碑事件的工作项目，促进“结对子”工作有序开展。

825 厂按照总体要求，实施产品优化压缩形成共建型谱，开展通用产品研制。该厂按照“零件标准化、组件模块化、产品组合化”的思路，初步形成了组件生产模式，缩短产品生产周期，并正在航天科技集团支持下开展分离脱落产品智能化生产线建设工作，进一步提高产品生产效率。

同时，该厂在对现有产品突出共性问题进行梳理、归类的基础上开展了质量提升工程工作，使得产品质量问题逐年减少。在 12 所加强对分离脱落及连接器产品选用控制的牵引下，825 厂开展了分离机构产品型谱化研究工作，制定了产品规格、种类压缩方案，并对分离机构产品的型谱代号重新制定了命名规则，编制出产品型谱。

经厂所反复迭代，最终形成双方达成共识的共建型谱，将分离机构产品系列从 37 个压缩至 10 个，产品种类从 135 种压缩至 88 种。同时，825 厂根据 12 所制定的技术要求，开展了新型通用产品的研制，目前正在进行相关试验验证，后续将应用于新研型号。

共享就是生产力。“结对子”的目的就是要打破型号和单位间的壁垒，建立总体、分系统、单机/组件（软件）、器件各级联动的产品化工作机制，总体单位加强主导，专业单位积极配合，将多个利益体整合成为一个共同利益体。按照航天科技集团提出的“明确目标、注重实效、协同推进、持续完善”的指导思想，参与“结对子”的各单位按照总体牵引、专业配合、多方联动、协同推进的工作机制开展产品化工作，将协同推进贯穿于产品化工作始终，并将总体单位与专业单位“结对子”作为协同推进工作的重要抓手。

针对需要跨单位开展产品化工作的产品，由总体单位牵头，发挥“自上而下”的牵引作用，由专业单位配合，结合自身产品特点“自下而上”主动配合，双方上下联动，以“结对子”的工作方式协同推进，总体单位统一技术指标、环境条件、机械与电气接口、验收要求等，形成技术要求型谱；专业单位配合并迭代完善，形成产品型谱，即为共建型谱。

“结对子”协同推进工作模式的建立，不仅有利于产品型谱更加科学与优化，同时促进了型谱产品成熟度提升，实现总体单位和专业单位的共同发展。

3）坚持技术进步，不断提高产品水平和效率。以顾客为导向，以顾客（系统）需求和核心技术为原动力，不断识别并确定内部、外部顾客需求，帮助顾客识别和发展新的需求和期望，有针对性地做好技术和产品开发，帮助顾客将产品现有功能用好，最大化发挥产品功能，激发产品的潜能，增值并扩展功能，把产品所有要求的和潜在的功能都发挥出来，以实现产品最大价值；同时，实现新产品开发准确、快速、低成本、高质量，为顾客创造最大价值。通过顾客对所提供的解决问题的方案与产品的信赖，进一步增进顾客满意和忠诚。

在产品设计时就从最优地确保顾客操作简便、可靠、安全使用与维护以及经济性等方面综合考虑。比如卫星用扩频应答机，设计提供了运行中发生锁死时通过“复位”键恢复初始状态的功能。再如星载计算机，在满足顾客要求的同时，尽可能做到体积更小、重量更轻，或者是能够即插即用并具备防止顾客在使用时误操作的防差错设计等。

在持续开展单机产品品牌建设的基础上做好与顾客的沟通，让顾客更好地了解航天单机产品，即做好航天单机产品的推广和市场营销。通过航天产品型谱的形式向国内外顾客提供更多的产品信息，特别是用户最关心的技术指标、质量、可靠性等，这也是航天企业展示研发、生产能力的重要方式。增进顾客（系统）对航天单机产品的了解和信任，让顾客（系统）“敢用”和愿意持续选用航天单机产品。

实施需求管理，健全和规范信息收集与反馈渠道，收集内部、外部需求信息，并对这些信息进行筛选、分析、分类后，及时传递到研发部门。需求包括新产品研发、产品设计规格更改、详细设计路线更改、公共基础模块和平台开发、技术开发、合同需求等。在必要和可行时还可为顾客（系统）提供产品后续发展计划等信息。

（2）标准化工作

产品“标准化”是实现产品化工程的基础产品标准化，包括通用化、系列化和组合化（模块化），简称“三化”。所谓产品通用化，是指同一类型不同规格或不同类型的产品和装备中，用途相同、结构相似的零部件，经过统一以后，可以彼此互换的标准化形式。通用化是一个综合过程，在此过程中，对产品制造的各个环节都会发生深刻影响。通用化不仅能完善纵向的联系，而且还能完善横向的联系——它可减少企业内所生产的同类部件、零件和工具的型式、尺寸的数量。因此，通用化工作只有综合地进行，才能获得最佳效果，而不能将这项工作局限在个别承制单位或个别型号上。对于航天型号配套单机产品，产品系列化是通过对同一类产品发展规律的分析研究和全面的技术经济比较，对产品的主要参数、型式、尺寸、基本结构等做出合理的安排与计划，以协调同类产品和配套产品之间的关系。因为航天型号对产品的需要是多方面的，仅对参数分档分级并不能满足需要，还要求同一规格的产品有不同的型式，以满足不同的特殊要求。为解决这个问题，就需要建立通用系列型谱，把基型产品与变型产品的关系以及品种发展的总趋势用图表反映出来，形成一个简明的品种系统表。就一个产品而言，其通用性是有限的，只能满足一定范围、一定条件下的使用要求。而产品型谱是用最少数目的不同规格产品，构成能满足可预见的全部使用要求的产品系列。建立型谱是一件很复杂、很细致，又需要很慎重的工作，要以大量的调查资料和科学的分析预测为基础，一经确定，不宜轻易改变。

产品组合化设计就是将产品分成几个模块，通过模块的组合配置，创建不同需求的产品，满足用户的定制需求。相似性的重用，可以使整个产品生命周期中的采购、物流、制造和服务资源简化。对于有效解决航天产品特殊性和小子样研制主要问题的“W”模型，也就是在航天科技集团提出的“再设计、再分析、再验证”活动中，模块化工作可以实现航天关键通用产品的现货供应和多型号选用，是应用航天产品“W”模型的重要前提和基础。

产品“三化”的最终目标是实现通用化，就是要超越型号的界限，产品不仅要为现有的不同型号服务，而且要为未来的新型号服务。因此如果产品“三化”仅停留在具体某型号下开展研究，必然会限制“三化”的真正落实。以航天通用光纤陀螺单机产品为例，就是打破了“一个型号一类技术，一种产品一支研制队伍”的传统研制模式，按照“系统型谱化、产品结构模块化、仪表组件通用化、接口关系系列化”的型谱建设思路，对外整合应用需求，压缩品种，最终形成了光纤陀螺产品型谱，且产品推广成效显著，其系列产品已在多个航天型号上得到应用。

院首次建立了以产品为主线的型号产品标准体系，涵盖院 998 种（类）产品的设计、工艺、试验、质量保证等全生命周期要素，包括各级标准 7601 项，清晰地反映了各级各类产品实现过程中所涉及的标准，实现了标准对产品的横向全流程牵引和纵向全方位保证。标准体系与产品型谱有机结合，优化了产品系列，提升了技术和产品的成熟度。

近年来，院依据标准体系及发展规划，编制了《宇航用集成电路通用设计要求》等 4 项国家标准、《航天惯性平台规范》等 15 项国家军用标准、38 项行业标准、237 项集团级标准和 41 项院级标准。各单位制定企业标准 3700 余项。标准的编制，固化了技术，优化了管理流程，提高了产品研产效率，保证了产品质量，有力地支撑了院科研生产管理。

#### 2.2.2.3　抓队伍建设

随着经济社会的发展和航天领域的进一步开放，人才成为企业战略的重要一环，也是产品质量的重要保障。当前队伍建设存在的主要问题有三个：一是个别领导干部思想松懈，能力不足，责任不落实，管理不严格。形式主义、官僚主义严重，主管领域多年不见起色，主管业务时常发生问题。二是队伍的新老更替，造成产品质量波动。一些刚刚走上科研岗位的年轻人工作态度还不够端正，作风不够扎实，技能不够精湛。三是市场经济和改革开放带来的诱惑，造成人员流动及思想影响，核心及骨干人才流失风险增大。

为了抓队伍、稳质量、促发展，院出台了一系列抓队伍建设的关键举措。

一是加强领导干部队伍建设。健全完善与现代企业制度相适应的干部人事制度。建立能力评价体系，丰富领导人员选拔来源渠道。按照“四化”方针建设好干部队伍。完善领导人员激励约束机制和容错机制。特别要提高领导干部适应新时代发展要求的领导能力，增强广大干部的学习本领、政治领导本领、改革创新本领、科学发展本领、依法执政本领、群众工作本领、狠抓落实本领和驾驭风险本领。使大家做到信念过硬、政治过硬、责任过硬、能力过硬和作风过硬，敢担当，能作为，会落实。

二是加强核心人才队伍建设。实施“百人工程”建设，在各核心专业领域培养一批国内外有影响力的创新型科技领军人才；实施“匠心工程”建设，在主要工种领域培养一批具有精湛技艺的能工巧匠；实施“创新团队”建设，在各专业领域培养一批具有发展潜力和创新精神的青年骨干；实施“专才计划”，在重要管理岗位上培养一批懂经营、会管理、熟悉国际规则的经营管理人才。

三是形势任务教育常抓不懈，制度化常态化。持续强化各级人员“责任意识、纪律意识、危机意识”，牢固树立“违规就要出事、出事就要出局、失职就要追责”的思想，使形势任务教育入脑入心。

四是完善薪酬激励机制，进一步提升员工待遇。推动股权激励、分红权激励、超额利润奖励、岗位分红、科技成果转化等多要素激励举措。

五是加强职业发展通道建设，拓宽岗位成才通道。

六是坚持质量轮训。要组织对一线设计人员、生产试验人员、检验人员等有针对性地开展应知应会岗位培训、技能培训、标准规范和质量法规培训，提高岗位技能。有效做好新人员上岗和新转岗人员培训，重在质量案例教育。

#### 2.2.2.4 抓科研生产能力建设

面对国防建设和航天强国建设的新形势、新要求，高质量发展必须在质量和效率上下功夫。为此要大力提升数字化的设计仿真和试验能力，自动化智能化的生产检测能力和信息化管控能力。坚持发展与能力相结合，投资与需求相结合，数量与质量相结合，科学配置资源，建设先进科研生产能力。

十几年来，院通过国家投资、市场融资和自身投入，建设航天电子先进能力体系，保证持续发展需求。能力建设由研保为主向体系效能型建设转变，累计获得军工技改投资 80 多亿元，推动院科研生产能力实现了新跨越。同时，坚持深化改革，采取优化管控模式、实施流程再造、推进产品工程、优化资源配置等改革举措。坚持实用高效，推动平台通用化、管理简约化、技术数字化、生产自动化。坚持重点突破，管理实用先行、主导产品先行、量产产品先行、质量薄弱先行。积极把握国家实施“中国制造 2025”的战略机遇，全面统筹院“五大平台”，逐步构建以“全数字”“全互联”“全智慧”为特点的智慧院所和数字化工厂。

## 2.3 院质量管理的目标导向

目标管理（Management By Objection，MBO），实质上是一种管理上的激励手段，它通过设置一定的目标来诱发员工的工作动机，提高他们的工作热情，从而产生相应的行为，最终保证整个目标的实现。管理心理学认为个体行为的产生都是一个“需要-动机-行为”的过程。将组织的目标作为诱发员工工作动机的刺激物无疑是一石二鸟的好举措，在提高员工工作积极性和实现组织整体目标之间找到了极佳的一个契合点，在员工积极性得到极大提高的同时，组织的目标也实现了，这就让组织管理走上了一个良性循环的轨道。

目标导向就是要求组织特别是领导者排除走向目标的障碍，使其顺利达到目标，并在一个目标实现后提出新的更高的目标，从而使组织保持一种积极的状态。目标导向理论持续改进的内涵与质量管理体系具有共同之处，因而利用目标导向推进质量管理是有效的方法。

质量管理的目标导向关键在于确立总目标和分解子目标，并采取措施确保最终目标的实现。例如，我国已经提出了要建设“航天强国、质量强国”的战略目标，航天科技集团也提出了“高质量保证成功、高效率完成任务、高效益推动航天强国和国防建设”的目标，要全面完成好发展改革任务，打好未来一段时期的攻坚战。这些总目标的实现，要求院在内的各级航天战线立足自身实际，制定出相应的发展路径。作为航天科技集团最大的专业院和产品院，院也在这一总目标下，确立本院的发展目标，并逐项分解，引导各单位一起为之努力。必须继承和发扬老一辈航天人的光荣传统，大力弘扬航天“三大精神”，以干出一番大事业的胸怀和豪情，以舍我其谁的担当和勇气，以功成不必在我、功成必定有我的境界，把每一项任务落实落细，把每一项战略举措落地生根。

院在“十三五”期间，提出了要建设“成为国内领先、国际一流的航天电子和信息技术、产品及系统集成一体化解决方案供应商”的总目标，要实现这一目标，有赖于高水准的质量管理来加以保障，这主要体现在以下几个方面。

## 2.3.1　防范风险与履职尽责（风险导向模块与责任导向模块）

### 2.3.1.1　防范风险

防范风险，主要突出要“预防”。具体内容是工作要主动，要有预见性，要充分识别风险并制定措施预防到位，从而确保产品质量，为最终目标的实现提供支撑。

（1）技术风险分析和控制

技术风险是指造成产品性能指标不能满足要求，危害任务目标实现或导致任务失败的不确定性，一般用发生的可能性和后果严重性综合度量。

技术风险分析和控制是防范风险的有效方法。通常是采用一定的技术方法，识别型号技术风险项目，在风险分析可能性与严重性基础上确定风险综合等级，进而采取必要的应对措施。高风险的项目设置为关键项目，规定关键项目控制措施。随着工作的深入迭代开展，将风险消除或降低到可接受水平。

技术风险控制方法有很多，在航天领域，型号两总系统往往在各研制阶段采取相应的风险降低措施，依据风险分析方法得出的结果，建立《技术风险项目清单》，并动态更新。识别新的风险，闭环可接受风险，制定新的风险控制措施。在飞行试验前，对于经风险控制和消除后仍存在的不可接受残余风险，针对性制定应对措施并经过评审。

作为产品院，在进行技术风险分析与控制时，不能单纯以型号风险分析的方法开展相关工作。按照“目标引领，系统梳理；全面评估，突出重点；明确措施，落实责任”的原则，系统辨识和管控风险，有效推动各项工作目标的分解落实。具体到产品质量方面，落实精细化管理要求，确保型号成功交付，辨识出风险因素主要集中在型号产品按期交付、型号产品质量、产品外包、型号物资保障等方面。通过针对性制定通用产品技术成熟度提升等措施，消除产品研制过程中的技术风险。

（2）管理风险防范和措施

相对于技术风险的管控，管理风险更为复杂、管控难度更大，尤其是涉及跨部门协调、瓶颈突破、关键技术攻关等一系列环节。为此，院采取了行之有效的措施，推动管理风险的有效管控。

坚持做好任务策划部署，全面识别风险，分析瓶颈短线，制定全面措施。通过每年度的质量管理体系管理评审和型号工作会，开展质量管理体系、科研生产管理、质量问题分析、风险管控等专题分析与研究，并形成管理措施，由职能部门组织落实。

坚持抓好任务组织协调，加强动态管控，及时解决问题，保证准时完成。通过定期开展型号领导小组与责任人例会制度，把任务中的问题及时加以管控，化解风险，确保计划实现和质量满意。

坚持突出重点，抓好落实，加强关键技术攻关，开展重点单位质量整顿，保障重大发射试验任务。通过持续开展瓶颈技术、关键技术的攻关，突破卡脖子环节，针对阶段性问题突出的单位或者产品，开展专项质量整顿活动，切实提高风险管控能力和质量水平。

#### 2.3.1.2　履职尽责

履职尽责，主要强调要“守责”。具体内容是要守住责任和关口，两总抓型号、院长抓体系、院部抓管理、厂所长抓产品，要坚决落实“压准压实产品出厂责任”。

1）以责任令的形式分解明确责任。每年初下发责任令，将责任落实到各单位责任人，以实现层层分解、守土尽责。

2）以监督检查的方式推进责任落实，强化院级对下的专项监督检查，特别是质量纪律的巡回督查。

3）以绩效评价的方式考核责任落实，将质量责任的落实纳入单位责任人年终绩效，确保责任得以真正落实。

4）以责任追究的方式惩戒失职，按照型号任务追责的有关规定，严肃问责、惩戒渎职失职行为，做到追责不打折扣，以儆效尤。

通过这些具体措施，实现了各级领导干部履职尽责，严格管理，并推动分管单位、部门、车间、处室和全员责任的落实，真正把产品出厂责任压准压实。

同时，院还加强在日常管理中的主动作为。强调必须严格开展产品出厂评审、验收，特别是主要领导、主管领导要带头先做好检查确认工作，形成影响，养成习惯。产品出厂检查确认要突出落实“新、变、问题、数”四个方面。

1）“新”：重点关注产品设计正确性、试验充分性；

2）“变”：重点关注变得是否正确，落实是否到位；

3）“问题”：要关注质量问题是否解决彻底，归零是否有效，举一反三是否到位；

4）“数”：要关注产品一致性，通过统计分析，确认产品相关数据是否在包络内，是否有余量。

## 2.3.2 练好内功与外部管理

### 2.3.2.1 练好内功

打铁还需自身硬，作为航天科技集团的专业院和专业厂所，自身的基础管理尤为重要，加强内部管理，抓好自身，练好内功，是产品实现的保证，也是各级责任人履职尽责的重要抓手。只有基础筑牢了，产品质量才有保证，否则问题就会多发。近年来，九院通过质量纪律检查发现问题，持续改进基础管理工作，其目的就是要打牢保成功、保交付的基础。练好内功主要可采取以下几个措施：

一是提升全员质量意识和技能素养。强化意识与作风传承；确保责任落实，实现管理严格、科学；建立过硬的领导力、执行力与得力的技能。

二是实施科学的过程管理，确保过程受控。以型号产品风险识别为主线，以落实各项产品质量保证要求为重点，强化检验检查验收的有效性、测试覆盖性、试验充分性等要求的落实。

三是抓好关键环节和薄弱环节质量控制，强化风险管控能力。针对院产品特点和当前薄弱环节，重点强化设计输入输出复核，加强可靠性设计，提高产品容错能力。提升工艺设计水平和工艺文件指导性。强化生产现场人、机、料、法、环、测控制水平，特别是加强电装过程控制、多余物、返工返修、易错难操作等环节的风险管控。

#### 2.3.2.2 外部管理

随着产业融合战略的推进，航天电子领域与其他军工、民用领域的大融合、大协作成为必然趋势。在这种情况下，尤其要重视外部资源和外协外购的管理和有效控制，否则外部会成为影响任务的短板。

为了做到“两手抓，两手都要硬”，院按照航天科技集团统一部署，大力推进“四全”供应商体系建设工作，力求把外部资源、社会资源、外部供应商等切实管控到位。

外包外购产品问题主要原因是外包责任不落实，未做到“谁外协、谁负责”。外包管理制度不健全，产品质量保证要求传递不到位；对外包外购产品关键环节识别不到位；对外包外购产品关键环节过程和技术状态变化监督管控不到位；产品验收把关有效性不足。因此，院要求各单位将航天产品质量保证要求和相关标准传递到最末端供应商，严格外协、外包和外购产品的质量控制，确保实施统一的质量验收标准、内容和方法。通过加大对外包单位，特别是集团外供方质量要求传递、工艺审查力度，强化对外包产品的设计生产过程掌控能力，细化量化各类外包产品下厂验收细则及入厂检验规范，并在产品质量评审、验收等环节加强外包产品把关力度。

同时，院还开展了两年的外包质量提升工程，制定“把两头抓中间”为主脉络的管控方案，“把两头”就是把住外包合同条款的完整性及产品入厂质量验收的覆盖性；“抓中间”就是抓承制方产品实现过程关键环节的管控。后续结合供应商体系建设，逐步将这些举措常态化（见图 2 - 6）。

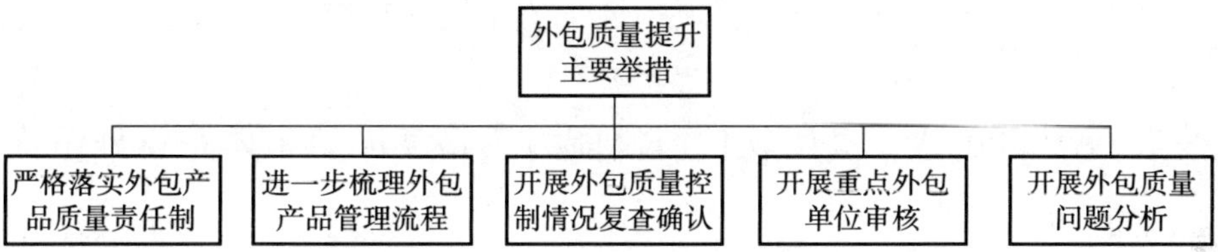


图 2 - 6　外包质量提升主要举措

## 2.3.3　强化硬件与做好软件

### 2.3.3.1　强化硬件

随着新一轮工业革命的到来，航天科技工业也迎来转型升级的有利契机。两化融合的推进，为航天电子产业硬件基础条件的升级换代提供了有力助推。院大力推进生产能力建设，打造“智慧研究所”——以整机型研制大所为试点，结合专业特点，开展基于知识和流程的设计、仿真、工艺、制造一体化的研制能力建设；建设“数字化工厂”——以整机型制造工厂为试点，按照数字化车间、数字化生产线、数字化制造单元技术三个层次推进数字化建设，着力提升了硬件基础。

### 2.3.3.2　做好软件

在搞好硬件生产的同时要搞好软件，需要同步做好软件的匹配工作。近些年航天乃至军工软件问题不断，软件需求分析、软件设计、软件测试、软件更改等方面都出问题（见图 2 - 7），软件逐渐成为后续发展的短板。

院同样面临软件问题多发的问题。为此，各单位按照《航天型号软件工程化管理要求》（Q/QJA30），制定各级软件管理办法，规范软件产品研制生产

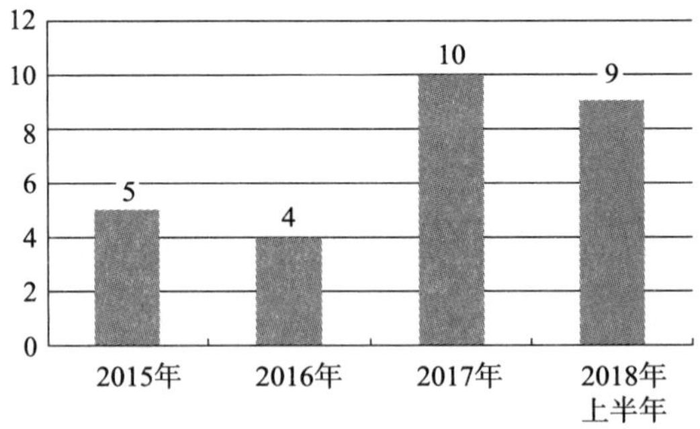


图 2－7　2015—2018 年软件问题数

工作。推进 GJB 5000A《军用软件研制能力成熟度模型》体系认证工作，强化软件工程化能力。

同时，各单位强化软件研制需求说明编制和传递的规范性和有效性。深入开展嵌入式软件的软硬件接口的匹配性分析，在软件任务书、需求规格说明中，明确软硬件接口关系，并作为评审的重点内容。对于外协软件产品应规范管理，明确软件需求和软件工程化要求。

为了从更深层次解决好软件问题，各单位积极开展软件风险辨识工作，加强软件系统的可靠性、安全性设计和验证，针对重要软件开展 FMEA、FTA 等可靠性分析和评估，强化软件安全关键需求的实现与确认。深入开展嵌入式软硬件系统之间的协调性设计、分析与验证工作。加强软件开发方测试、第三方确认测试中对异常状态、边界条件等的健壮性测试，加强测试环境与真实运行环境的差异性分析，确保软件测试覆盖率。

## 2.3.4　率先垂范与规范操作

这两方面的要求分别是针对领导干部和基层一线员工在保证产品质量、实现最终目标过程中的具体要求。通过领导的带头作用和员工的实干精神，实现“说”“干”并行。

### 2.3.4.1　率先垂范

目标导向的关键在于各级领导者的示范作用。领头羊必须要以舍我其谁的担当和勇气，执着地带领队伍向既定目标前进。因此，率先垂范强调的是领导干部要以身作则，严格管理，要求到位。以功成不必在我、功成必定有我的境界，把每一项任务落实落细，把每一项战略举措落地生根。

院通过党建工作、各级形势任务教育、质量教育等活动，强化领导干部的责任意识和担当意识。在其位、谋其政、干其事、求其效，切实发挥示范表率作用，带头履职尽责，带头担当作为，一级带着一级干，一级做给一级看，以担当带动担当，以作为带动作为。

一是抓思想、带队伍、身先行。各级领导要率先垂范，引导和激励型号队伍自觉强化奉献精神，增强为党和国家事业贡献力量的使命感、责任感和荣誉感，努力形成奉献航天、扎根一线的良好氛围。

二是抓工作、做部署、提要求。各级领导重点要把方向、谋大局，将决策部署到位，细化要求，抓好责任的分解细化，做到人人有事做，事事有人管。

三是抓落实，带头干，攻难关。坚持说实话、谋实事、出实招、求实效，勇于攻坚克难，避免“蜻蜓点水”和“一阵风”，领导干部带头干，以钉钉子的精神抓落实，一干到底。

#### 2.3.4.2　规范操作

规范操作则是面向基层人员的基本要求。设计、研制、生产、试验各环节的直接操作者，是把好质量关的“第一道防线”。但是有的一线人员对具体负责的产品知其然不知其所以然，特别是在吃透技术、识别风险、规范操作上存在较大差距。要培养型号队伍的“严慎细实”工作作风，要使型号队伍能够排除干扰、摒弃杂念，始终保持科学求真的劲头，一心一意地钻研技术、吃透技术。要注意提升型号队伍的科学素养和工作能力。

为此，院强化对三类操作人员的规范性要求，具体包括：

1）在设计上，重点加强可靠性设计、分析和试验验证；加强产品健壮性、可制造性设计；严格技术状态管理；严格三级审签工作。

2）在工艺上，重点加强队伍能力提升，提高工艺文件的细化量化水平；加强关键过程和特殊过程控制；规范工艺风险分析、技术状态控制和工艺评审等工作。

3）在操作上，严格质量纪律，牢固树立纪律意识、红线意识，坚决杜绝违章违规操作。对低层次人为责任问题要做到零容忍。培养型号队伍做事有依据、按依据、留记录的规范素养。

### 2.3.5 加强目标管理（目标导向模块）

目标管理是一个全面的综合性的管理体系，它用系统的方法把许多关键的管理活动综合起来，有效地实现组织目标和个人目标。在管理中要建立目标锁链与目标体系，将组织的整体目标按照目标管理专门设计的过程进行逐级分解，使之形成各单位、各员工的分目标。从组织目标到经营单位目标、部门目标，直到个人目标，目标分解过程中，要严格明确各级人员的权、责、利关系，而且做到相互对称。所有目标方向一致，环环相扣，相互协调，形成有机的目标体系。目标体系的建立、目标的展开和责任落实，再到实施过程中的协调与控制，时刻都以系统理论为指导。目标管理强调组织的总目标是由许许多多的子目标构成的，这些子目标并不只是简单地分割，而是围绕实现总目标而形成的有机统一体。依照系统的整体性特征，目标管理要求将总目标分解为不同层次、不同部门的分目标。分目标与总目标的方向保持一致，这样以分目标保总目标，从而形成一个相互联系、相互影响的目标体系。显而易见，目标管理的系统是一种自上而下的直线式管理系统，由组织的总目标为整个系统的统帅，其他子系统（如部门系统和个人系统）都必须围绕它上一级的母系统为标准来组成。

目标管理是一种以目标为导向的管理模式，组织的总目标贯穿于管理的整个过程、所有部门的工作。德鲁克在对目标管理这一概念下定义的时候就提出，企业的目的和任务必须细化为目标，企业的各级主管必须通过这些目标对下级进行领导，以此来达到企业的总目标。而管理者的功能之一就是以组织的总目标为准绳对下级的各项工作进行指导，这实质上就是控制论的一种表现。通过在实现目标的过程中对工作的进展情况围绕目标这一标准进行控制，最终来推动工作的进行。显而易见，目标管理就是以组织目标为依据对整个工作进行控制。

## 2.4　院质量管理的问题导向

问题或者产生问题的风险是客观存在的，关键在于敢不敢正视问题，善不善于发现问题，能不能够解决问题。问题导向就是要对存在的问题或者可能产生的问题保持清醒头脑，不掩盖、不回避、不推脱，坚持用科学的方法分析和研究问题，以高度的勇气和责任感解决问题。

### 2.4.1　当前突出的问题和原因分析

近年来院产品质量情况逐年改观，但又有抬头情况出现，例如，某重点型号产品面临“研制、定型、批产”三条线并行、高强密度飞试和交付的严峻形势，在产量创历史新高的同时，存在合格率低、精度不达标、质量问题多发等问题。同样，某成熟度较高的产品因仪表漏油质量问题返修，将两年来积累的进度余量全部消耗，给后续“保交付”造成一定压力。这些问题的发生，给院带来了较为不利的影响，各级领导高度重视，指出“发生的问题主要是管理问题”，并要求“扭转长期被动的局面”。

更为令人警醒的是，有些不应再发生的质量问题在新的高密度任务形势下再次出现，如经过五年的质量纪律检查，低层次操作和人为责任问题数大幅下降，但近期又有所抬头。电连接器、继电器等产品在一个月内集中发生了 3 起批次性问题，反映院元器件单位质量管理能力存在较大差距。人为责任问题、产品批次性质量问题，严重影响型号任务，也对全院形象造成负面影响。

这些问题的发生，表面看是在高密度发射的新常态下，在生产能力转型升级的背景下，有些环节出现不适应的情况，但更深层的原因则是质量管理能力的不足、责任不到位、应变不够、适应性不强。具体表现在以下几个方面。

（1）责任不落实

质量管理原则既重视领导作用，又强调全员参与。而当前许多问题暴露出责任不落实，反映出有的领导只重视进度，不重视质量；有的领导预见性不够，风险识别管理能力不强；少数领导责任意识和质量意识淡薄，质量举措一问三不知，没有做到履职尽责。领导质量责任的不落实也势必会带动和影响群众责任的不落实。

（2）管理不严格

一些领导干部在完成型号任务的过程中，标准不高，要求不严。满足于把眼前的事对付过去，习惯于就事论事解决问题，不愿触及深层次问题，不敢严格管理，大胆管理。形式主义、好人主义甚至官僚主义均存在。其后果必然是问题多发，质量不高，局面被动。

（3）执行不到位

操作问题数居高不下，既有误操作，也有乱操作，还有漏操作等。反映出部分员工岗位履职不得力，执行不到位。主要原因是质量意识不强，工作作风不严、不细、不实，工作技能不够。反映出常态化、制度化的教育培训做得不够。

（4）可靠性有差距

我们一些产品在设计理念及产品的可靠性、维修性、保障性、环境适应性等方面还存在差距。我们的技术人员对裕度设计、FMEA、降额设计等可靠性设计和技术风险分析的工具方法理解与掌握还不足；包络分析工作开展还很局限。同时，部分技术评审也没有真正起到把关作用。

### 2.4.2 院质量管理的问题导向（问题导向模块）

#### 2.4.2.1 做好产品质量问题归零

质量问题归零是指对在设计、生产、试验和服务中出现的质量问题，从技术上、管理上运用适当方法，分析问题的原因、机理，并采取纠正和预防措施解决已发生的质量问题，同时通过开展举一反三，避免问题重复发生的闭环管理活动。质量问题归零是在实践中总结、在总结基础上创新、在创新基础上进行更高要求的质量管理实践。

目前，航天质量问题归零工作已经形成了比较系统且规范的组织、制度和方法体系。它是中国航天的故障报告、分析及纠正措施系统（FRACAS），也是更加科学的、系统的、扩展性的 PDCA 循环。航天质量问题的归零过程，是实现质量管理从事后的问题管理转化为事前的预防管理的过程。当前航天质量问题归零分为技术归零和管理归零两类。

（1）技术归零

“质量问题技术归零”是针对发生的质量问题，从技术上按“定位准确、机理清楚、问题复现、措施有效、举一反三”的五条要求逐项落实，并形成《技术归零报告》或技术文件的活动。这五条要求的基本内涵主要是：“定位准确”是确定质量问题发生的准确部位；“机理清楚”是找到问题发生的根本原因和演变过程；“问题复现”是通过试验或其他验证方法，复现质量问题发生的现象；“措施有效”是针对发生的质量问题的原因，采取纠正措施，经过验证，确保质量问题得到解决；“举一反三”是把质量问题的信息反馈给本型号、本单位和其他相关型号以及相关单位，检查有无可能发生类似故障模式或机理的问题，并采取预防措施。

（2）管理归零

“质量问题管理归零”是针对发生的质量问题，从管理上按“过程清楚、责任明确、措施落实、严肃处理、完善规章”的五条要求逐项落实，并形成《管理归零报告》和相关文件的活动。其五条要求的主要内涵包括：“过程清楚”是查明质量问题发生和发展的全过程，从中找出管理上的薄弱环节或漏洞；“责任明确”是根据质量职责分清造成质量问题的责任单位和责任人，并分清责任的主次和大小；“措施落实”是针对管理上的薄弱环节或漏洞，制定并落实有效的纠正措施和预防措施；“严肃处理”是对由于管理造成的质量问题应严肃对待，从中吸取教训，达到教育人员和改进管理工作的目的；“完善规章”是针对管理上的薄弱环节或漏洞，完善规章制度，并加以落实，从规章制度上避免质量问题发生。

院的质量问题归零工作主要是为适应高强密度发射和飞行试验、大批量交付的新形势，做到快速归零、彻底归零。归零工作由厂所领导亲自抓，重大归零由院领导亲自抓。归零的范围按技术归零与管理归零分为两类。

技术归零范围主要是因技术导致的如下问题：

1）影响研制进度、造成与其他单位的接口设计修改、造成性能指标下降、造成生产返工的设计质量问题；

2）造成重大经济损失的设计和生产质量问题；

3）造成批次性和重复性生产质量问题；

4）造成批次性电子元器件、原材料质量问题；

5）造成试验失败或损坏产品的试验技术问题；

6）产品交付总体单位后出现的质量问题；

7）产品在靶场或外场出现的质量问题；

8）造成武器装备交付后影响使用的质量问题；

9）产品造成飞行器在轨故障或影响任务完成的问题；

10）其他需要技术归零的问题。

管理归零范围主要是因管理导致的如下问题：

1）重复性质量问题；

2）人为责任质量问题；

3）无章可循、规章制度不健全造成的质量问题；

4）技术状态管理问题；

5）其他需要管理归零的质量问题。

院质量问题归零强调一定要“双归零”，通常对技术归零工作做得比较到位，管理归零工作存在差距，管理归零不到位会导致问题的重复发生。重视管理归零，珍惜归零和改进的机会，不要怕麻烦。管理归零做到面向工作流程，面向组织建设。狠抓归零措施闭环，通过型号专项复查、工艺纪律检查等手段定期对质量问题归零措施落实开展回头看。狠抓举一反三。同时持续开展知识储备，形成故障模式库、归零信息库、归零报告汇编等，强化知识储备与传承。

院质量问题归零工作主要遵循以下步骤。

技术归零主要步骤：

1）现场记录、确认和报告。质量问题发生后，应马上采取措施防止问题扩大。问题发生单位应在确保安全的情况下，保护好现场，并做好记录，以书面或口头形式按要求逐级上报质量问题信息。

2）故障定位。项目负责人应组织有关方面的技术人员确认质量问题的现象和部位，进行初步的问题定位，并确定技术归零的责任单位或部门。具体问题定位时，应根据问题产生的现象、部位和可能原因进行因果分析，必要时进行专业鉴定或试验验证。

3）机理分析。组织有关方面的技术人员，通过试验和理论分析等手段，弄清故障发生的基本过程，搞清楚故障的模式，从而确定质量问题发生的根本原因。只有查明问题的原因机理，才能解释问题发生的过程，提出有针对性的纠正措施。

4）问题复现。问题复现主要是通过复现试验，确认定位和机理分析的正确性。对质量问题进行复现是一个迭代的过程。在院产品质量问题归零中，基本都要进行实物仿真试验，以保证各个环节的正确性。

5）制定并落实纠正措施。根据分析出的原因，制定相应的改进措施，对于复杂问题，则采取系统的改进方案和验证方法，并通过必要的试验验证确认改进措施是否有效和合理。

6）举一反三。举一反三主要包括本型号举一反三和其他同原理产品的举一反三。本型号举一反三要检查相同产品范围内，特别是本批次产品范围内是否存在类似的质量隐患，如果存在，都要进行改进；其他产品举一反三，则要进行检查、复核和改进，防止同类问题在其他产品上发生，并将有效的措施落实到相关文件中。

7）编写《技术归零报告》。归零报告是归零工作的成果，也是航天型号研制的宝贵经验和财富。通过《技术归零报告》所提炼的研制警示，可为后续产品研制工作提供有益借鉴。

8）技术归零的评审。完成《技术归零报告》之后需要组织对技术归零工作进行评审。对故障的定位和机理的分析是否正确有效、纠正措施是否落实、纠正措施效果是否充分验证等进行评审确认，确保在产品上做到真正归零。

9）归零信息的管理。归零评审完成后，及时将归零报告、故障信息等归档，更新质量问题归零信息库。

管理归零主要步骤：

1）查明质量问题发生的过程和责任。由责任单位责任人进行管理归零工作，分析造成异常因素的过程管理和控制的文件规定、执行方面的原因，查找管理上的薄弱环节和漏洞。

2）制定改进措施，完善规章制度。针对管理原因和薄弱环节，制定纠正措施。通过完善质量管理体系文件、规章制度、标准规范等形式加以固化。管理归零制定的措施应当具体、细化、可操作、可检查，并明确责任主体。

3）问题处理。依据过程管理和控制文件的规定、执行和记录情况，确定相关组织和相关个人应承担的责任的主次和大小等，并按照规定给予相应的处分或处罚。

4）编写《管理归零报告》。报告应经过质量管理部门和相关部门会签，并由各单位行政正职批准。

5）管理归零评审。在完成质量问题管理归零后，应组织质量问题归零评审。质量问题归零评审是对归零工作的正式审查。管理归零的评审由责任单位质量管理部门归口管理和组织实施，有关方参加。

### 2.4.2.2 认真开展质量分析活动

院对质量信息实施动态管理，每周及时清理质量信息、编制《每周质量问题汇总》和《未归零质量问题进展情况》报院领导；每月《科研生产简报》中对未归零质量问题列表说明，并及时跟踪。每季度对质量问题和归零情况在院科研生产责任人会中进行点评。质量信息上报情况纳入型号科研生产考核。

（1）质量分析会

认真开展质量分析会，既总结质量工作和成绩，同时借机会分析问题、查找原因、落实奖惩，质量分析活动与部门、个人绩效、奖金挂钩。厂（所）按月开，主要领导主持，对产品质量问题、质量纪律检查问题等进行分析。重点关注管理制度的科学性、有效性，质量问题归零的落实情况，特别是共性和重复性问题、低层次问题的处理及解决情况。车间（研究室）每月至少开一次。车间重点关注质量问题和产品超差、不合格品、薄弱环节，针对具体研制生产流程、作业文件和过程质量控制措施的实施效果进行分析完善。研究室重点关注设计输入输出完善性、可靠性工作情况、设计的工艺可行性和可制造性、试验验证的充分性、产品的测试覆盖性等内容。

（2）班组质量分析例会

班组质量分析例会每周召开。设计班组重点关注生产、试验中暴露出的产品设计薄弱环节，共性的技术和技术管理问题。工艺、生产班组重点关注不合格品，以及工艺、现场管理方面所采取的好经验、好做法。检验班组重点关注过程检验、交收检验、验收（或复验）环节发现的问题。

（3）专题质量分析会

针对重点产品、短线产品质量问题，院及各单位会以专题质量分析会的形式开展问题分析、原因查找和措施制定等工作。通过专题质量分析，实现质量问题的定点清除。

### 2.4.2.3　做好质量纪律检查

质量纪律检查既是改进的方法，也是预防的方法。该项工作可以帮助我们提前发现问题，精准发现问题。厂所领导要带头去做才能掌握问题，了解情况。五年来，仅院级检查就发现问题和建议 3600 余项，厂所级更多。这些问题就是隐患，如果不消除这些隐患，可能又要多出很多质量问题。通过深入分析、系统整改和举一反三，有力提升了过程管控能力，为型号“保成功、保交付、保增长”提供了有力支撑。由质量纪律检查发展而来的质量纪律管控理论将在本书后续章节介绍，此处不再赘述。

# 第3章 质量纪律管控理论

质量纪律是指一个组织（包括单位或个人）落实质量责任、质量法规、规章制度和操作规程的思想自觉和行为规范。它是质量管理理论发展到全面应用阶段后的必然结果和要求。

质量管理经过多年的发展，已经从最初的以质量检验为特征的事后管理，发展到以全面预防为特征的全面管理理论阶段，形成了以质量管理体系为核心的较为完整的理论体系。

质量管理理论进入中国后，对于推动中国企业提升产品质量和服务质量起到了良好的促进作用，但是也出现了诸多水土不服的情况，其中最为突出的就是质量管理理论性太强、教条化严重，不能与本地化的实际情况很好地融合。为此，我国很多企业也在积极探索和实践，力求创新出适合我国国情的“质量管理应用理论”。

之所以称之为质量管理应用理论，是以管理理论在实际中的落实和有效运用为根本出发点，融合全面质量管理等先进理念，并结合自身特点和已有优良做法，加以本地化，实现质量管理创新活动。华为、海尔和中国航天都已经在积极进行相关的探索，本书介绍的质量纪律管控理论也是基于质量管理应用而创新产生的（见图3-1）。其实质是质量管理的本源——质量检验、过程控制的核心——纪律执行、质量监督的根本——风险预防，这三者的有机结合，实现全面质量管理在管理层、执行层、应用层，在意识、责任、过程、现场等环节有效运行的一种理念探索。经过多年的实践，已经初步显现出良好的应用前景和效果，具有实际的推广和借鉴价值。

较之以往传统的质量管理理论，质量纪律管控理论更为关注的是能够在管理现场实际应用、发挥作用的因素，并将这些要素分解为六个维度的矩阵（也称为六个导向)，从而突出其实际应用的特征。

| 发展阶段 | 全面检查 | 过程控制 | 质量保证 | 全面质量管理 |
|---|---|---|---|---|
| 起止时间 | 1900 s～1930 s | 1930 s～1960 s | 1960 s～1990 s | 1990 s～ |
| 特点 | 事后检验 | 工序控制 | 书面系统认证 | 全面质量、全过程、全员参与 |
| 结果 | 挑出废品，保证出厂产品质量 | 用数据说话，预防控制与事后检验相结合 | 系统地管控影响质量的各部门，权责分明 | 将企业各部门与质量相关的活动构成一套有效体系 |
| 负责人 | 质检员 | 质检员、质量控制工程师 | 质量保证部门 | 企业全体工作人员 |

质量管理应用理论
↓
航天质量管理
↓
质量纪律管控

图 3-1 质量纪律管控理论在质量管理理论中的位置

## 3.1 质量纪律管控理论的形成与提出

质量纪律管控理论最初的形式是以针对生产现场开展工艺纪律检查来推进实施的，并通过反复迭代，实现螺旋式提升，逐步扩展到广义工艺纪律检查，并最终完善和形成了较为体系化的质量纪律管控理论。

### 3.1.1 质量纪律管控理论的形成过程

“罗马不是一天建成的。”质量纪律管控理论也经历了由浅到深、由局部到系统的过程。

要了解质量纪律管控理论的产生发展，首先需要简要介绍一下其发源地——中国航天电子技术研究院及其产生背景。

中国航天电子技术研究院是航天电子专业大型科研生产联合体，是中国航天科技集团下属的专业研究院，主要从事航天电子技术的研究及产品研制，为航天型号及武器装备的研制提供基础的技术支撑和保障，经过多年的发展，在计算机、惯性导航、遥测遥控、基础电子元组件等专业积累了丰富的经验，取得了一定的成果，部分专业技术水平达到国内领先甚至与国际同步。拥有多个辖属单位，分布在北京、上海、重庆、陕西、浙江、湖北、广西、河南等省市，目前有在职员工 21000 余人，其中包括中国科学院院士在内的高级专业技术人员 1200 余人。

院共荣获国家级科技进步奖特等奖 7 项、一等奖 12 项、二等奖 4 项，省、部、委级科技进步奖特等奖 3 项、一等奖 84 项、二等奖 265 项、三等奖以及各种成果奖 580 多项，中关村科技园区海淀园“自主创新明星企业”、中关村科技园区海淀园“优秀新技术企业”、中关村科技园区五年上台阶海淀园自主创新明星企业等称号。

（1）思考聚焦：从质量问题处理到工艺纪律检查

在实施质量纪律检查工作之初，院也面临着较为严峻的质量形势。2013 年，全年发生的 145 起质量问题，见表 3－1。其中，总装测试 36 起，靶场阶段 14 起，返厂测试 1 起，飞行中 4 起，交付用户 1 起，且问题主要集中在出厂前、综合测试和总装测试三个阶段，共发生 124 起问题，占问题总数的 85.5%。问题数量较多的仍然是操作问题占 51 起，其中低层次操作和人为责任因素 26 起，约占整机操作问题的一半，院产品由操作引起的质量问题突出。对各类问题产生的原因进行关联分析，形成因果关系圈。

**表 3－1　2013 年质量问题数统计**

| 原因<br>工作阶段 | 设计 | 工艺 | 操作 | 管理 | 器材 | 软件 | 设备 | 其他 | 合计 |
|---|---|---|---|---|---|---|---|---|---|
| 出厂前 | 5 | 1 | 14 |  | 22 | 1 | 1 |  | 44 |
| 综合测试 | 10 | 1 | 19 |  | 11 | 3 |  |  | 44 |
| 总装测试(AIT) | 7 | 6 | 13 | 1 | 6 | 3 |  |  | 36 |
| 返厂测试 |  |  |  |  |  | 1 |  |  | 1 |
| 靶场阶段 | 3 |  | 3 | 1 | 5 | 2 |  | 1 | 14 |
| 飞行中(在轨运行) | 3 |  | 1 |  |  |  |  |  | 4 |
| 交付用户 |  |  | 1 |  |  |  |  |  | 1 |
| 合计 | 28 | 8 | 51 | 2 | 44 | 10 | 1 | 1 | 145 |

院在对全院质量形势和任务进行研判，对数据进行深入剖析后，基于问题管理模式创建了工艺纪律检查初始模型，决定研究、实施适合院实际的工艺纪律检查工作，目的就是要扭转被动质量形势，提升任务履约能力和顾客满

意度。

基于此背景，工艺纪律检查的初始模型聚焦到“静电防护”“多余物控制”“过程控制与记录”“试验状态”等 4 个环节上。围绕 4 个环节，构建以管理和执行为主线的 PDCA 循环，创建了工艺纪律检查初始模型（见图 3－2）。

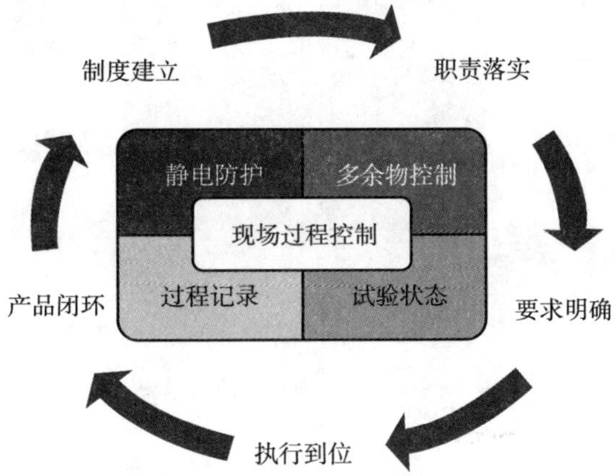


图 3－2　院工艺纪律检查初始模型

对 4 个模块分别从制度建立、职责落实、要求明确、执行到位、产品闭环等五个方面制定检查要求，形成了静电防护 21 项、多余物防控 12 项、过程记录 8 项、试验状态控制 7 项和现场过程控制 28 项的检查要求。2014 年年初，以此模型和要求在 18 家单位中选取 5 个试点单位试行开展。试行实施过程中，初始模型和检查要求得到充分验证，对 5 个试点单位检查共提出静电防护问题 44 个，多余物防控问题 37 个，过程控制和记录问题 51 个，试验、外协、禁限用工艺等其他工艺纪律问题 18 个，对被查单位产生极大触动，不少问题的提出在过去生产过程中并未意识到或毫无技术认知，检查实施充分验证了院工艺纪律检查初始模型的创建效果。同时，在试用实施过程中，发现过程控制问题并不孤立，而与技术状态控制、技术文件控制、检验验收管理等环节紧密关联，随即及时优化初始模型，形成第一阶段模型，如图 3－3 所示，并以此模型制定了工艺纪律检查实施细则（第一阶段）。

以第一阶段模型为依据，院在 2014 年对 18 家单位开展了全面检查，提出需整改的问题 642 项。通过严格实施检查和后续整改工作，各级人员的工艺纪律意识得到了显著提升，大部分单位按照院要求建立本单位的工艺纪律检查机

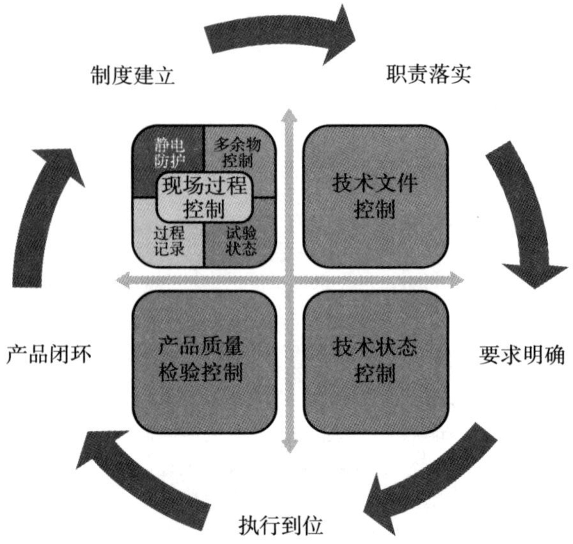


图 3-3　院工艺纪律检查第一阶段模型

制，细化要求，制定了更具有针对性的检查办法，大大提高了工艺纪律检查的效果。各单位针对现场管控不足，逐步提高了精益化管理的水平，从多方面、多角度规范现场管理，细化操作和记录要求，过程管控水平得到了明显提高。针对静电防护问题，基本按照体系建设要求开展了系统防护工作，防护能力与日常管控水平得到显著提升。

通过实施第一阶段工艺纪律检查，全院过程质量控制收效明显，现场管控水平有明显提升，体现在产品实物质量上，2014 年院操作类质量问题数 38 个，较 2013 年（51）下降 25.4%，操作类问题占问题总数的比例也由 2013 年的 35%下降到 2014 年的 33%。

（2）持续完善：从工艺纪律检查到“广义工艺纪律检查”的演变与实践

院对工艺纪律检查的理念认识、方法研究是在实施实践过程中不断动态演变的，从最初设计的针对现场突出薄弱环节的初始工艺纪律检查逐步发展形成具有更广泛意义和效果的全面质量监督，最终形成覆盖企业管理全过程的“广义工艺纪律检查”。

质量管理的核心是通过有效的控制管理，确保研制产品符合规范要求，满足或超越顾客的期望。传统军工企业针对产品质量管控，特别是生产现场过程管控常用的做法是实施工艺纪律检查。其主要目的是对生产过程中遵守工艺秩序情况的检查确认，核心是要“遵规守纪”。工艺纪律检查是抓产品过程质量的最直接方法，通过持续实施，可有效加强产品过程质量控制，达到提升产品质量的目的。

由图 3－4 中分析可见，引起质量问题的各类别之间并不是孤立的存在，它们之间还存在一定的因果关系，整个系统指入箭头多于指出箭头且指入较多的“操作”是问题的显现/暴露环节（结果），指出箭头多于指入箭头且指出较多的“管理”是问题驱动/导致环节（原因）。操作问题占比较大，其中特别是静电损伤问题、多余物问题时有发生，而且影响巨大。部分单位静电防护管理、多余物防控等方面制度不完善、职责不明确、责任不落实，个别人员静电防护、多余物防控意识不强、制度执行力不足，暴露出生产过程中工艺纪律执行不严。

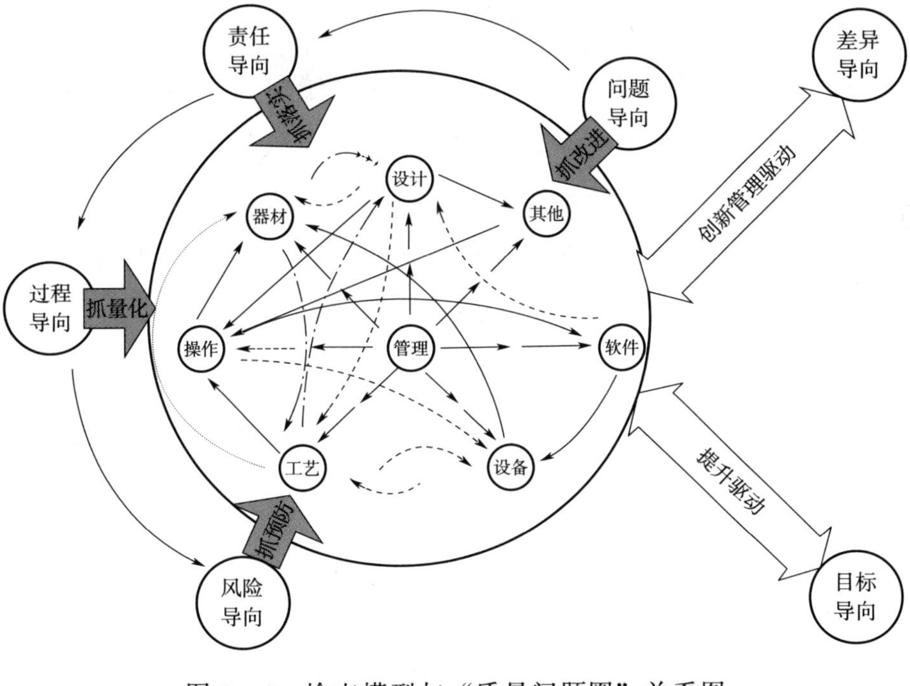


图 3－4　检查模型与“质量问题圈”关系图

虚线：互为因果　实线：单向因果

工艺纪律检查是一个在实践过程中不断策划、实施验证、总结、改进的迭代过程，在实践过程中不断修正检查模式、检查方法和模型构建，项目组以年度为单位周期，每年初进行模型策划，年底进行模型评价，并在下一年度对模型进行修订完善，建立了模型的动态管理和完善机制（见图 3-5）。

图 3-5　工艺纪律检查模型 PDCA 流程

通过在 2014 年实施工艺纪律检查第一阶段模型并全面总结后，发现根据短板效应，在操作问题占比下降的同时，设计、工艺类等问题占比上升，成为新的短板。另一方面，第一阶段检查过程发现部分人员认为工艺纪律主要是工艺人员或工艺部门的事情，忽视了过程管控的作用，简单化处理工艺纪律检查工作。同时，存在整改简单化、就事论事的情况，系统的、深层次的整改和举一反三难以落实。部分单位对其他单位发生的问题没有深入开展举一反三工作，更没有意识到本单位型号产品过程管控中的差距和不足，固守本单位的传统和习惯，简单将未发生质量问题等同于过程管控无问题，自我改进提升的动力不足。这些问题就要求在检查机制、模型和方法上及时修订完善，适应形势要求，提升效果。

2015 年年初，院按照坚持、完善、发展的理念，在继承航天科技集团精细化质量管理要求的基础上，基于传统工艺纪律检查概念，以现场检查为起点，提出了“结合特点、关注风险、现场入手、管理收口”的工作思路，在实施过程中不断向前延伸和拓展，延伸至设计和工艺源头的技术风险控制，全面推进典型产品设计、工艺的“再设计”“再分析”“再验证”工作，并纵向拓展至管理流程，形成现场、风险、管理的三条主线（模块）和十个检查要素，逐步将传统工艺纪律检查向基于工艺纪律检查的“全面质量监督”演变，初步探索创建形成了基于三条主线的“广义工艺纪律检查”概念，逐步覆盖产品实现全流程，形成对企业过程管理的全覆盖的监督管控模式。

采用 PDCA 循环对工作机制进行完善，针对每个模块采用“面向领导查责任落实”“面向风险查识别管控”“面向问题查持续改进”“面向过程查管理执行”“面向结果查考核奖惩”等“五个面向”的闭环工作方法，确保检查过程每个环节和整改过程每项问题得到闭环（见图 3－6）。

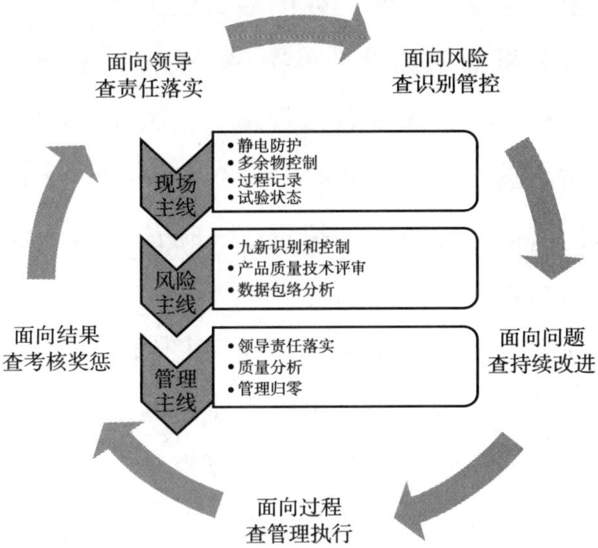


图 3－6　基于三条主线的广义工艺纪律检查模型

在以三条主线构建的广义检查模型和五个面向的过程方法实施过程中，推动了各单位过程控制的加强和全面质量管理的规范化，在以强化现场过程为核心的基础上，推进了由问题管理向预防管理的转变，也推动了各级领导质量管理责任的落实。有章不循、违规操作等现象大幅减少，多余物、静电损伤、错漏焊、接错接反、漏收口、不按规程操作等低层次质量问题数持续下降，通过实施广义工艺纪律检查，2014—2015 年问题平均数（109）相较前三年（151.6）下降了 28%。同时，通过推进设计、工艺“三再”工作，全面提升了三浮惯性仪表、应答机、继电器等典型产品的设计、工艺水平，产品生产能力和合格率大幅提升。“五个面向”的闭环工作方法，已经将单纯的面向现场的工艺纪律检查扩展到影响产品质量的现场、风险和管理相关要素，广义工艺纪律检查理论初步成型。

（3）理论升华：从广义工艺纪律检查到“质量纪律检查”

2015年年底，随着检查模型的不断实践和迭代，动态优化过程中发现因为产品生产过程发生的各类质量问题和企业经营发展的一系列问题都不是孤立存在的，针对具体薄弱环节的检查和优化改进并不能彻底根除质量隐患，尤其是随着检查模型的不断完善，对管理流程的关注，逐渐暴露出的涉及科研生产各流程的系统性问题才是造成质量问题的最大隐患。为此，项目组在质量问题及其发生原因进一步分析的基础上，再次深入分析“问题圈”，从质量问题圈与企业科研生产各流程的关系入手，以管理流程为闭环路径，提出了从“责任导向”“问题导向”“风险导向”“过程导向”四方面，面向生产过程进行全面的管理和治理，以抓改进、抓落实、抓量化、抓预防为手段，攻破“问题圈”，并建立形成长效机制的思路。

同时，因为“问题圈”也是企业的“管理圈”，问题的根本解决必须依赖企业的发展与提升，因此，项目组提出将企业发展规划、能力建设、技术创新等目标驱动也纳入“全面质量监督”平台加以推动，并兼顾因各单位产品特点不同、任务不同、形势不同，整机产品与电子元器件产品差异显著，航天型号产品与军贸系统级产品差异显著，不同的形势任务对质量工作的要求同样差异显著等因素，必须在院统一策划的基础上，牵引、指导各单位在落实院要求的基础上，根据不同的产品、任务特点实施差异化的质量管理，以满足向质量要效益、要发展的目标，因此在四个导向的同时又融入了目标导向和差异导向，形成了以“六个导向”为核心的最终质量纪律检查模型。六个导向与质量问题关系如图3-4所示。

质量纪律检查模型是在以现场管控为核心的传统工艺纪律检查和五个面向为雏形的广义工艺纪律检查的基础上，通过研究、实施、改进不断修正而逐步形成的，从工艺纪律检查到质量纪律检查演变历程如图3-7所示。

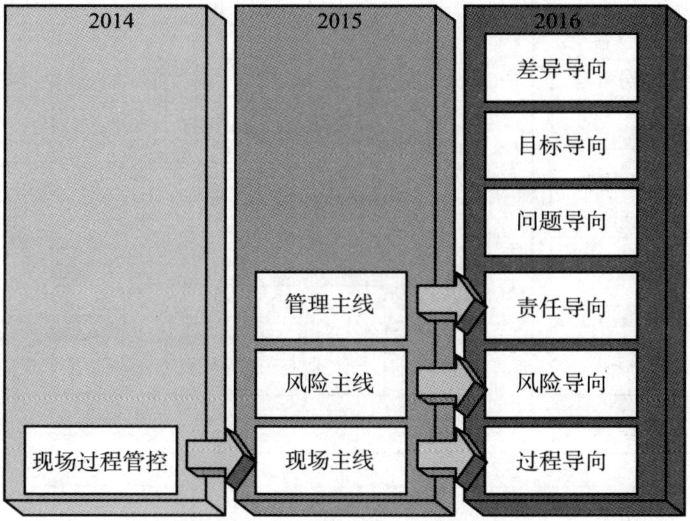


图 3－7　从工艺纪律检查到质量纪律检查演变历程

### 3.1.2　质量纪律检查模型的形成

最终模型主要包括了研制生产过程管理和驱动管理两个方面。其中，研制生产过程包括了“问题导向”“责任导向”“过程导向”“风险导向”四个模块，包含航天质量管理的三方面重点工作，即质量改进、型号过程质量控制以及质量基础能力建设，同时，在型号科研生产管理全过程中突出了风险管理理念，关注细节、抓住关键，确保型号科研生产过程管控高效的思路。驱动管理包括“目标导向”“差异导向”两个模块。突出了以目标为导向，将问题式管理的事后管控模式，向年初策划、检查的事前管理转变，实现早策划、早检查，提前发现问题、控制过程的要求，凸显了各级责任制在航天企业过程质量管理中的核心作用。质量纪律检查以产品实现过程各层级要素为基础，以面向组织、面向流程为主线，并以企业技术发展、产品质量提升和管理效能提高为最终目标。质量纪律检查具体模型如图 3－8 所示。

各模块的主要内容及释义如下。

（1）责任导向模块

以责任为导向目的是进一步强化各级领导职责的落实。重点解决各级领导

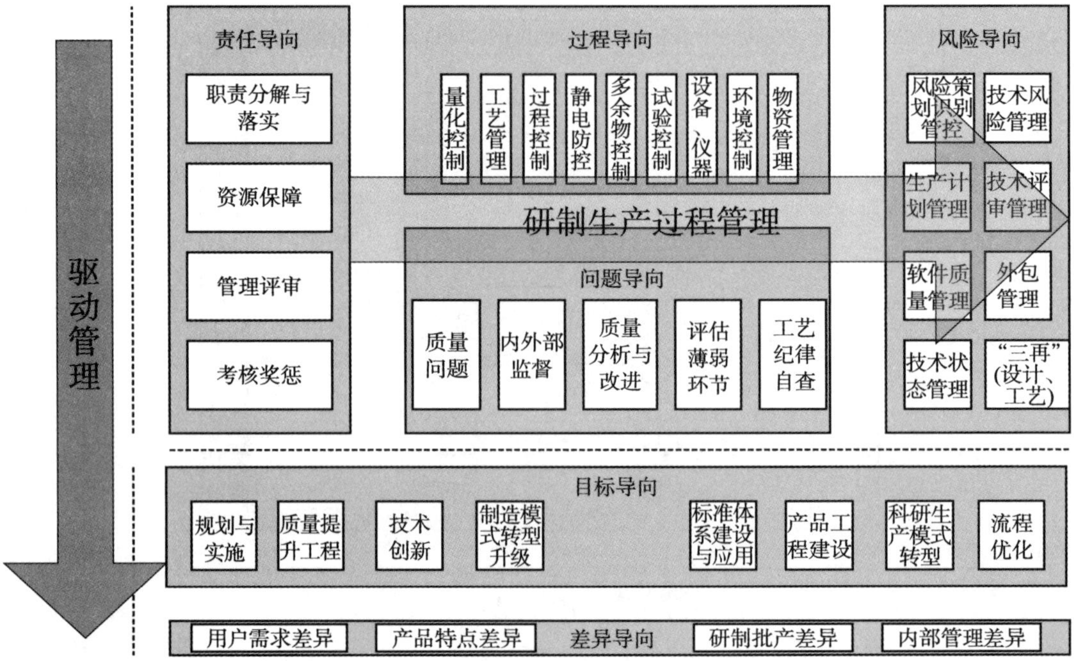


图 3－8　质量纪律检查模型构成图

干部在完成型号任务的过程中，普遍存在责任不落实、管理不严格的情况，习惯就事论事解决问题，见树不见林，见物不见人，缺少系统研究策划，不愿触及深层次问题，不敢严格管理、大胆管理等突出问题。责任导向重在抓落实，强化管理过程中的领导作用，保证各项管理措施得到坚决执行和有效落实，进一步督导各级领导在工艺纪律检查、质量提升工程等重要质量活动中加大投入和参与力度，进一步强化各级领导工作作风和质量责任。杜绝责任分解不到位、落实不到位。责任导向以各级领导质量管理职责落实为落脚点，覆盖职责分解、资源保障、管理评审、考核奖惩等关联环节，推动企业各级领导在全面质量管理中发挥作用。

（2）风险导向模块

以风险为导向进一步推进由问题管理向预防管理的转变。科研生产风险管控特别是型号技术风险管控是能否保成功、保交付的关键。风险导向的目的是在风险识别的基础上，进一步强化风险管控措施的落地，保证预防管理的扎实性。成熟产品抓重点和关键风险，如状态变化、人员、环境等变化引起的“九新”风险识别与控制以及技术评审把关不严、三级审签不到位等带来的技术管理隐患等。新研、在研产品抓全面和细节风险，如可靠性设计等工具方法研究不深、使用不到位带来的技术源头风险以及异常、临界数据识别分析不到位带来的产品参数风险等。风险导向模块进一步突出了技术风险控制的重要意义，突出技术风险的预防管理，在产品出厂前消除质量隐患。风险导向从企业科研生产薄弱流程入手，突出预防管理理念，将潜在隐患消除在源头，提升管理效能。

（3）过程导向模块

以过程为导向进一步强化产品实现过程管理，强化过程执行力和有效性。产品实现过程管理的能力水平是产品质量保证的基础，过程管理直接关系产品质量，不容丝毫松懈。过程管控问题既是研究院质量管理的短板，也是质量改进的重点。过程导向不局限于过程对规章、规范的落实执行，不简单局限于有章可循、按章操作，而更需关注制度、规程、文件要求的规范化、精细化、量化，以过程要求的优化、量化、可操作作为过程控制能力的新标准，以记录的实效化、量化、可追溯作为过程质量保证的新标准，不断提升过程管理能力。

（4）问题导向模块

以问题为导向聚焦企业短板是持续改进优化的需求。以问题为导向，促进各企业正确对待和处理各类问题，特别是要确保各项归零措施、举一反三措施的严格落地，正确对待各项评估、监督、检查提出的问题，推动各企业以自我改进为源动力，将不合格品审理、归零、质量分析、质量复查、监督检查等各项自我完善机制做实做透。以问题为载体，以问题分析与纠正为起点，以制定系统措施为手段，实现以闭环管理为思路的不断改进。

（5）目标导向模块

以目标为导向抓提升，既关注顾客，提升履约能力，同时不断创新进取，实现跨越发展。通过目标导向，推动企业关注目标，找准发展方向。在创新驱动上下功夫，充分识别和认清形势，制定合理可行的发展路径，并按计划稳步推进。实现目标的过程就是对顾客的履约过程，也是实现自身发展的过程，涉及目标的识别和分解、路线的规划、能力建设、技术创新等各方面，也就是实现自我提升的过程。目标导向以对企业任务形势的分析为基础，以企业经营发展战略为牵引，在目标分解和落实、标准（规范）体系建设与应用、制造模式转型升级、技术创新等工作驱动下拉动企业经营发展水平提升。

（6）差异导向模块

以差异为导向推动企业不断研究创新，形成适合高效的质量管理体系。各企业产品特点不同、任务不同、形势不同，以院为例，下属单位整机产品与电子元器件产品差异显著，航天型号产品与军贸产品差异显著，不同的形势任务对质量工作的要求同样差异显著。差异导向就是深入探索实践适应竞争性领域的差异化型号质量管控模式，分析任务和用户的差异化，转化为内部管理的差异化；推进产品化，实现去型号化、去任务化要求。在做“加法”完善质量要求基础上，同时做“减法”实施差异化的质量管理，做到保质量提效益、保成功降成本，抓重点、抓关键、抓薄弱，在质量管理理念和方法上不断创新，提升管理效能。

## 3.2 质量纪律管控理论的具体内容

质量纪律管控理论的具体内容主要包括：理论基础、理论模型和架构、基本原则、理论内涵和核心等部分。

### 3.2.1 理论基础

质量纪律管控理论是质量管理发展到全面质量管理阶段后，在中国本地化并进行理论和方法创新的成果，是由理论向应用转化的具体实践结果。因此，其理论基础自然与全面质量管理密不可分；同时，由于质量纪律管控理论的出发点是针对产品实现全过程中的问题而采取的质量监督式的检查活动，因而过程理论和方法始终是贯穿质量纪律管控理论的旋律（见图 3－9）。

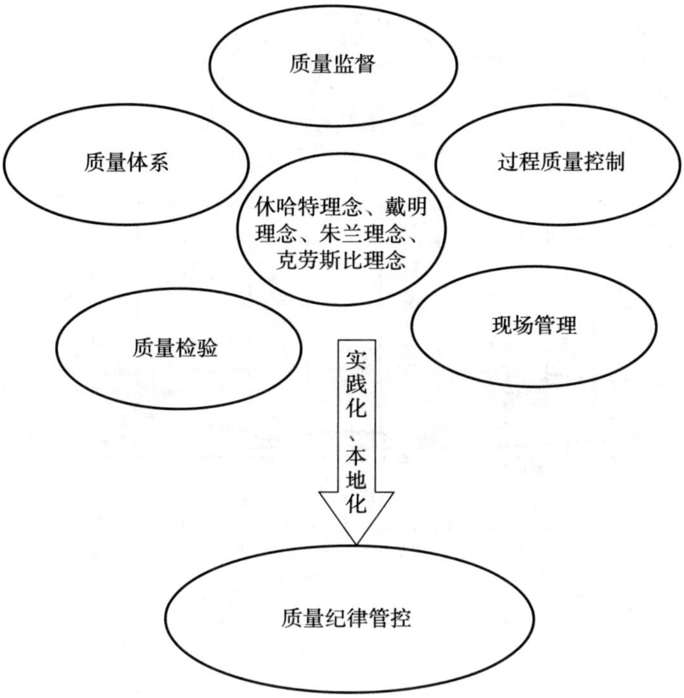


图 3－9　质量纪律管控理论基础

### 3.2.2　理论模型和架构

质量纪律检查理论体系由三部分构成：基础理论、核心理论、扩展理论，如图 3－10 所示。

基础理论由全面质量管理和过程方法两部分构成。

核心理论由六个导向构成，即“目标导向”“风险导向”“责任导向”“问题导向”“过程导向”和“差异导向”。

扩展理论为创新与持续改进机制。

质量纪律检查基本模型包括研制生产过程管理和驱动管理两个方面，图 3－11 反映的是两个方面所涉及的各个要素的模型。

研制生产过程管理包括“问题导向”“责任导向”“过程导向”“风险导向”四个要素模块，包含航天质量管理的三方面重点工作，即：质量改进、型号过程质量控制以及质量基础能力建设，同时，在型号科研生产管理全过程中突出了风险管理理念，关注细节、抓住关键，确保型号科研生产过程管控高效的思路。

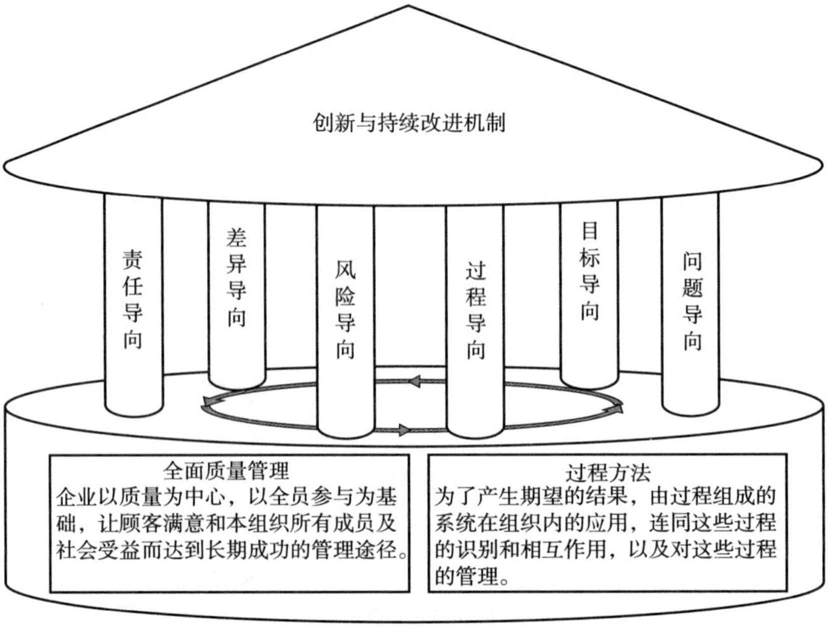


图 3－10　理论体系构成

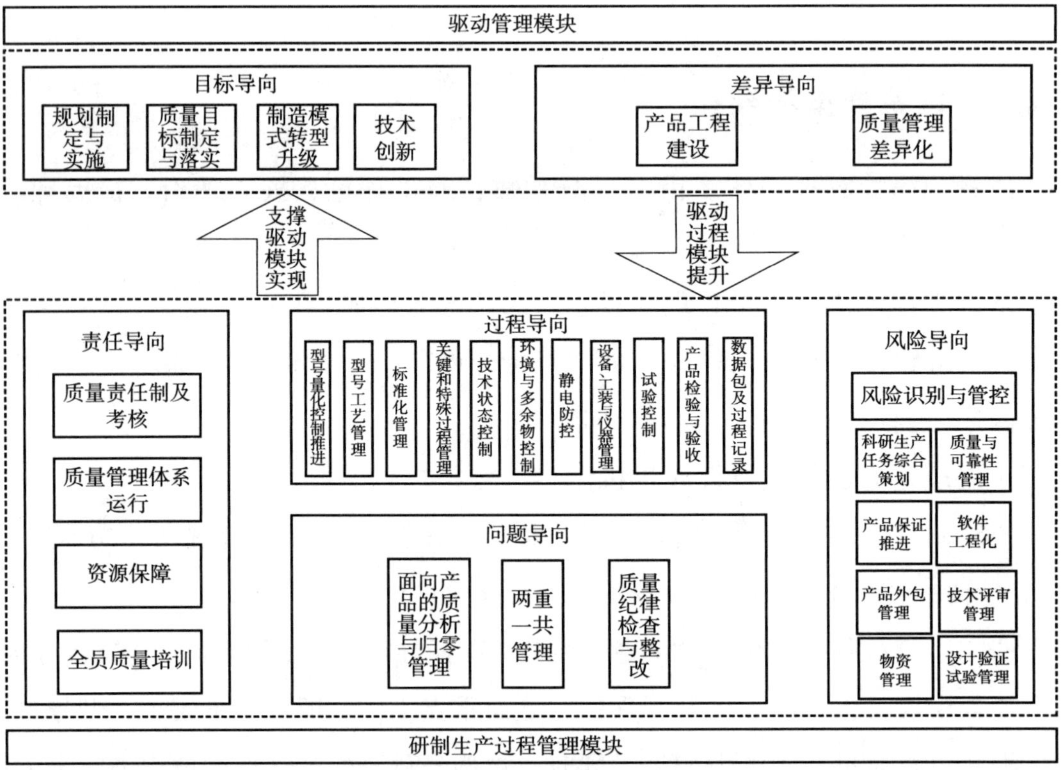


图 3－11　基本模型构成图

驱动管理包括“目标导向”“差异导向”两个模块。突出以目标为导向，将问题式管理的事后管控模式，向系统策划、预先谋划和预防问题转变，实现早策划、早检查，提前发现潜在问题风险、明确控制过程的要求，凸显各级管理者在航天企业过程质量管理中的核心作用。

质量纪律检查以现场质量纪律检查为基础，以产品实现过程为主线，并以企业技术发展和管理提升为最终目标。

### 3.2.3　基本原则

质量纪律检查遵循的七项基本原则如下。

1）领导作用：领导应确保各级开展质量纪律检查的目的与经营战略方向一致，创造并保持良好的内部环境，使员工能充分参与质量纪律检查活动；

2）全员参与：各级人员是组织之本，只有其充分参与，才能在持续改进中发挥其才干；

3）过程方法：将质量纪律检查活动和相关资源作为过程进行管理，可以更高效得到期望的结果；

4）持续改进：持续改进质量纪律检查工作的总体效能是各级的永恒目标；

5）循证决策：基于数据和信息的分析评价决策，使得质量纪律检查更有可能产生期望的结果；

6）关系管理：为了持续成功，组织需要管理与相关方的关系，并在质量纪律检查中加以关注；

7）顾客需求：质量纪律检查的最终目的是满足顾客需求并以此努力超越顾客期望。

### 3.2.4　理论内涵和核心

质量纪律管控理论内涵包括很多方面，既有与现代管理理念的联系，也有我国古代管理思想中的精华，具体而言体现在如下几个方面。

（1）质量管理具有纪律性

管理的精髓就是要使被管理对象的行为符合纪律性，从而产生预期的效果，达到预期的目标。可以说，质量纪律体现在产品实现及应用的方方面面，是全面质量管理的具体镜像。只有将质量纪律贯彻始终，才能真正形成符合要求的产品质量。质量纪律是融合质量检验、统计质量和全面质量三个阶段核心内容的体现，尤其是质量管理理论向本地实践转化的过程中，对理论的理解会是千人千面，但实践中的纪律性要求则是恒定不变的要求。所以说，质量纪律是质量管理各个阶段实践活动的主线。

（2）质量纪律是质量管理理念具体实践应用的桥梁

以 ISO 9001 为核心的质量管理体系和各类质量理念，往往过于理论化、抽象化，缺少具体实践的操作性。虽然这些年，随着工业技术的进步和管理创新活动的实施，诸如精益生产、现场质量管理等方法为越来越多的人所了解，但更多的是学习其方法和样子，至于理论和实践之间的核心联系纽带是什么，很少有人去探究。而质量纪律无疑是其中最为重要的纽带之一。质量纪律的纽带作用体现在以下几个方面：

1）质量纪律是质量管理要求的客观呈现；

2）质量纪律从质量管理控制本源——人的思想和行为入手；

3）质量纪律分别由理论向实际转化为理念和指南；

4）质量纪律是实际过程和现场的基本准则；

5）质量纪律是全员全要素的共同约束；

6）质量纪律是过程各环节需要遵循的典型要求。

（3）领导作用对于质量形成至关重要

1）纪律应自上而下形成；

2）纪律应由领导者率先垂范，带头遵守；

3）纪律具有两面性，即强制性和自发性，而核心都是领导作用的发挥。

（4）质量纪律注重实践性，是自上而下的贯彻质量管理理念的方式

之前无论质量管理体系还是各类管理理念，都是从实践中加以总结提炼后形成的、高度理论化的，对于不同类型的主体如何有效实施针对性不强，而质量纪律刚好抓住了由理论向实践转化的关键。它更注重理论要求与实际需要的有机结合。一方面，质量管理理论的转化实施有一定的强制性，必须有各层级

严格的纪律加以保证；另一方面，质量管理在实际执行过程中必须要依靠纪律来加以维持，并通过纪律约束达到理论设定的效果。

（5）质量纪律是贯穿质量管理理论应用的灵魂

从策划到实施再到监视测量和验证等环节，都需要有纪律来加以保证。而质量纪律管控理论恰恰抓住了质量的灵魂是人的思想意识和行为规范这一要点，只有通过正确的纪律约束，使得这两方面正确可控，才能够在产品实现过程中，获得顾客期望和满意的产品质量。

同时，质量纪律还能够反映出各级组织（包括单位、领导者和参与人员）在质量管理实践中是否愿意有所作为、是否主动有所作为的情况，是履职尽责的具体体现之一。这主要体现在组织在推进质量管理中，如果对于质量管理各项要求的落实无法以纪律作为保证，很容易形成两张皮，做成形式主义。而内外部质量监督中如果缺少对质量纪律执行情况的检查，则很容易流于形式，无法真正发现问题。这些都是不能有效履职尽责的客观反映。

（6）质量纪律是具有中国特色的管理学精要

中国是世界四大文明古国之一，中华民族在生生不息的发展过程中，创造了辉煌灿烂的文化。经过两千多年的发展，中华法系不仅独具风采，而且影响深远。法律的本土资源，是与自身独特的文化传统相谐相生的，因之具有强大的生命力，是中华民族的宝贵财富。从现存的历史文献看，中国古代逐渐形成了一整套产品质量管理制度，包括产品标准制度、产品市场准入制度、产品制作申报制度、产品检验制度和产品责任制度在内的一系列制度，形成了一个完善、严密的体系。

对产品生产以及产品质量进行管理的最早记载出现在西周。西周是我国奴隶制社会的鼎盛时期，奴隶制国家的强化，国家制度健全，奴隶制经济的进一步发展，推动了对生产及产品的管理。西周对于产品质量的管理是通过产品能否在市场进行出售来管理的。《礼记·王制》中有记载“有圭璧金樟，不粥于市。命服命车，不粥于市。宗庙之器，不粥于市。牺牲，不粥于市。戎器，不粥于市。用器不中度，不粥于市。兵车不中度，不粥于市。布帛精粗不巾数，幅广狭不巾量，不粥于市。奸色乱正色，不粥于市……”从中可以看出，那些违反了等级制度、容易危害国家安全以及产品质量不合格的商品是不能在市场上出售的。

同时，西周还规定了产品的生产标准，在《周礼·冬官考工记》中就记载了不同生产门类的标准和规格。例如："舆人为车，轮崇、车广、衡长参，如一，谓之参称。参分车广，去一以为隧。参分其隧，一在前，二在后，在揉其式。以其广之半为之式崇，以其隧之半为之较崇。六分其广，以一为之轸围。参分轸围，去一以为式围。参分式围，去一以为较围。参分较围，去一以为轵围。参分轵围，去一以为轛围。"讲的就是在制车时如果要制作车厢，制作人需要让车轮的高度、车厢的宽度、车衡的长度这三者的长度一样，被称为"参称"。并指出在制作车厢时长宽高的各种比例和标准。这些标准和规格，是专门从事某种生产活动的劳动者根据在劳动生产中积累的生产经验，经过归纳和总结之后形成的。古代的劳动生产不同于现代可以对产品进行标准化的生产，不同劳动者生产的产品必然规格不一。通过这些经过长期劳动生产积累的生产经验形成的生产规格和生产标准，可以规范生产活动和保证产品的生产质量，为产品质量提供保证。

在中国古代质量管理的理念中，"没有规矩，不成方圆"。纵观中国古代产品质量管理历史，不难发现，我国奴隶社会时期就已经产生了生产产品的标准。在人类社会历史发展过程中，能够制造和使用工具是人与动物的根本区别，而在制造和使用工具中，经过实践和使用的经验积累，人们开始对工具的制造和使用有了新的认识，开始对工具进行选择，将那些方便使用、利于生产的工具保存下来，并按照这些工具的样式继续制造，经过不断规范和发展，最终形成了大家在生产中的"标准"。在这些标准的规范下，生产活动有序进行，生产效率得到提高，产品质量得到保证。随着生产力的发展和生产水平的提高，生产部门分类细化，生产程序中生产分工得到细化，从而生产过程中各种产品的用料、制作方法、尺寸都有了统一的制造标准，也对生产工艺提出了更高的要求。在这些标准产生的初期，只是为了推广，使产品更受人欢迎。后来，标准逐渐变化成为国家强制推行的标准，是衡量产品质量的尺度。渐渐地，"物勒工名""造作不如法"等条例写入了历朝历代的法令中。在官营手工业中，负责管理生产的机构会将生产的产品的标准图样告知工匠，“授以图式”，工匠则会按照图样进行生产，如果不按照图样生产，就会被认定“造作不如法”等罪。例如元代《通制条格》和《元史·刑法志》中的记载，产品制造有专门的规格，工匠在生产过程中，务必要做到“造作如法”，如果不符合要求，“违者随即究治”。这些都是保证产品质量的纪律性约束的体现。

## 3.2.5　理论解析

质量纪律检查理论的基础来源于全面质量管理和过程方法理论的结合。该理论是企业以质量为中心，以全员参与为基础，通过由过程组成的系统在组织内的应用，连同这些过程的识别、相互作用和管理等方法，让顾客满意和本组织所有成员及社会受益而达到长期成功的途径。

### 3.2.5.1　核心理论

质量纪律检查理论思想与质量管理对应图解如图 3-12 所示。

### 3.2.5.2　扩展理论

（1）概述

质量纪律检查理论扩展理论是为企业持续改进而建立的创新与持续改进机制，使理论持续保持前进动力。创新和改进的方面包括但不局限于领导作用创新、理念创新、机制创新和模型创新。

（2）领导作用创新

领导作用的强化体现在以下方面：

1）落实“最高管理者对最终产品质量和质量管理负责”规定，组织的最高管理者通过签署产品质量证明文件来履行对产品质量和质量管理负责；

2）履行管理职能、管理多级构架的企业集团最高管理者亲自策划、部署、研究、组织实施，业务主管领导、业务部门领导亲自检查，充分体现领导职责落实；

3）检查的对象包含各级领导，不同层面的领导既是被检查者也是检查的实施者，检查逐级传递，为各级领导落实质量职责提供扎实方法。

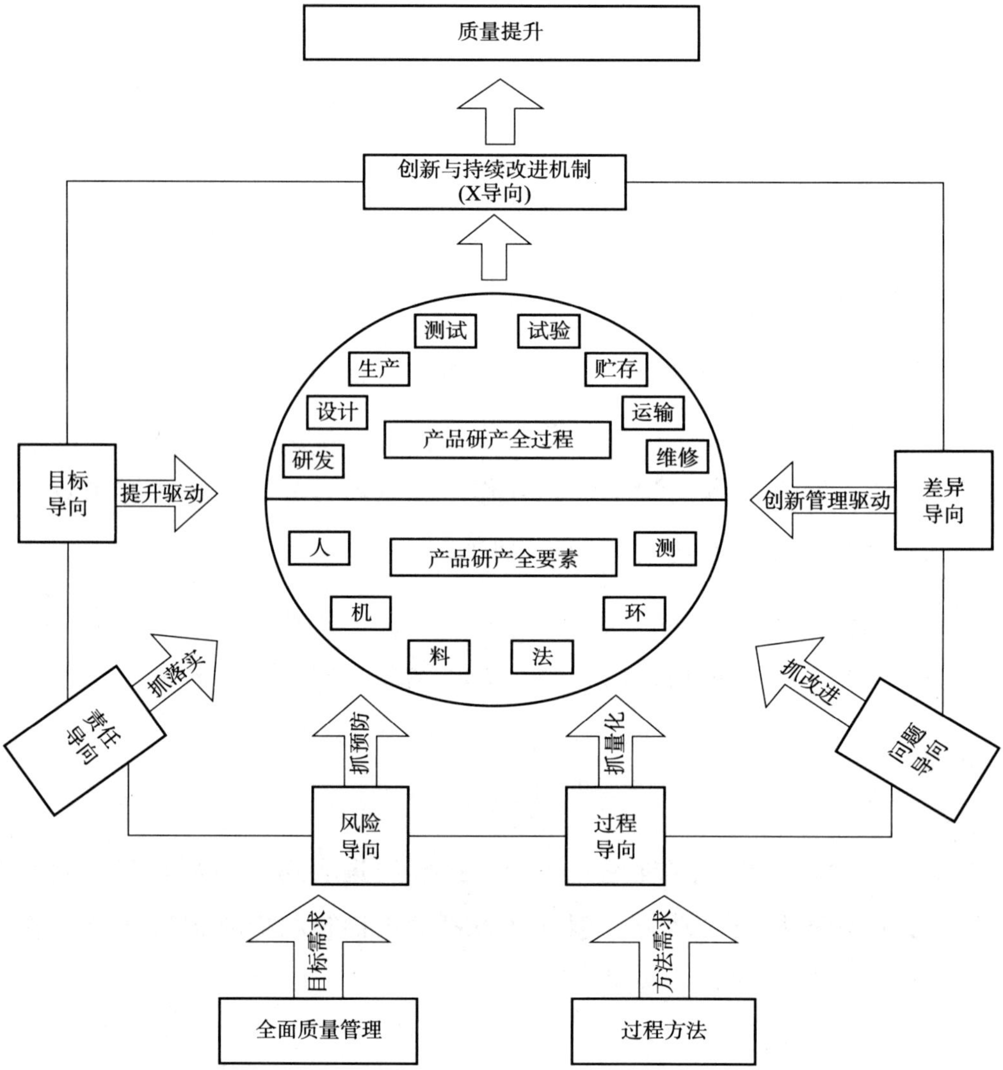


图 3－12　理论思想与质量管理对应图解

(3) 质量纪律检查理念创新

质量纪律检查做到“纵向到底、横向到边”，既关注产品也关注管理，既关注员工更抓住领导，既暴露个性问题更发现系统问题：

1) 检查的对象从一线员工扩展到组织领导、部门领导；

2) 检查的内容从一线现场扩展到所有业务部门、管理职责和流程；

3) 检查的依据从工艺文件扩展到规章制度、体系文件和上级要求；

4) 检查的地点从生产现场扩展到调试、试验各类现场及规划、人力资源、研制计划及市场等各部门。

（4）过程质量管理持续改进机制创新

质量纪律检查重点建立各级质量纪律检查管理机构，明确各级人员职责，制定覆盖组织各级的检查办法、工作流程，并形成多级实施体系。

上级组织对下级组织的检查应突出在理念、机制、方法上的牵引，强化巡视检查的作用。下级对上级在要素和要求上进行分解和细化，顶层构建起“六个导向”总模型，底层聚焦现场和具体过程，细化形成对现场和过程的精细化检查验证准则，形成模型和准则的“双金字塔”结构，保证顶层牵引的广泛性和基层实施的深入性。

（5）全流程监督检查模型创新

质量纪律检查建立覆盖型号（产品）科研生产和过程管理全流程的检查模型，通过责任导向抓落实、问题导向抓改进、风险导向抓预防、过程导向抓量化实现对产品研制全过程的环绕式监督检查，通过目标导向抓提升、差异导向抓创新实现对产品和企业发展的拉动式监督检查，构建以环绕式和拉动式相结合的产品实现全过程监督检查模型。

### 3.2.5.3　理论模型解析

质量纪律检查模型可以按照基本模型中的六个导向模块加以解析。

（1）基本模型

质量纪律检查基本模型包括研制生产过程管理和驱动管理两个方面：

1）研制生产过程管理包括“问题导向”“责任导向”“过程导向”“风险导向”四个模块，包含航天质量管理的三方面重点工作，即质量改进、型号过程质量控制以及质量基础能力建设，同时，在型号科研生产管理全过程中突出了风险管理理念，关注细节，抓住关键，确保型号科研生产过程管控高效的思路。

2）驱动管理包括“目标导向”“差异导向”两个模块。突出以目标为导向，将问题式管理的事后管控模式，向年初策划、检查的事前管理转变，实现早策划、早检查，提前发现问题、控制过程的要求，凸显各级责任制在航天企业过程质量管理中的核心作用。

（2）模型解析

①责任导向模块

责任导向模块内涵包括：

1）以责任为导向目的是强化各级领导职责的落实；

2）责任导向重在抓落实，强化管理过程中的领导作用，保证各项管理措施得到坚决执行和有效落实，进一步督导各级领导在质量纪律检查、质量提升工程等重要质量活动中加大投入和参与力度，进一步强化各级领导工作作风和质量责任；

3）责任导向以各级领导质量管理职责落实为落脚点，覆盖职责分解、资源保障、管理评审、考核奖惩等关联环节，推动企业各级领导在全面质量管理中发挥作用。

②风险导向模块

风险导向模块内涵包括：

1）以风险为导向目的是在风险识别的基础上，进一步强化风险管控措施的落地，保证预防管理的扎实性；

2）风险导向模块进一步突出了技术风险控制的重要意义，突出技术风险的预防管理，成熟产品抓重点和关键风险，新研、在研产品抓全面和细节风险，在产品出厂前消除质量隐患；

3）风险导向从企业科研生产薄弱流程入手，突出预防管理理念，将潜在隐患消除在源头，提升管理效能。

③过程导向模块

过程导向模块内涵包括：

1）以过程为导向目的是进一步强化产品实现过程管理，强化过程执行力和有效性；

2）过程导向包括过程对规章、规范的落实执行，也关注制度、规程、文件要求的规范化、精细化、量化，以过程要求的优化、量化、可操作作为过程控制能力的新标准，以记录的实效化、量化、可追溯作为过程质量保证的新标准；

3）过程导向不断提升过程管理能力。

④问题导向模块

问题导向模块内涵包括：

1）以问题为导向目的是聚焦企业短板，持续改进优化，促进企业正确对待和处理各类问题；

2）问题导向要确保各项归零措施、举一反三措施的严格落地，正确对待各项评估、监督、检查提出的问题，推动各企业以自我改进为源动力，将不合格品审理、归零、质量分析、质量复查、监督检查等各项自我完善机制做实做透；

3）问题导向以问题为载体，以问题分析与纠正为起点，以制定系统措施为手段，实现以闭环管理为思路的不断改进。

⑤目标导向模块

目标导向模块内涵包括：

1）以目标为导向目的是推动企业关注目标，找准发展方向；

2）目标导向是在创新驱动上下功夫，充分识别和认清形势，制定合理可行的发展路径，并按计划稳步推进。实现目标的过程就是对顾客的履约过程，也是实现自身发展的过程，涉及目标的识别和分解、路线的规划、能力建设、技术创新等各方面，也就是实现自我提升的过程；

3）目标导向以对企业任务形势的分析为基础，以企业经营发展战略为牵引，在目标分解和落实、标准（规范）体系建设与应用、制造模式转型升级、技术创新等工作驱动下拉动企业经营发展水平提升。

⑥差异导向模块

差异导向模块内涵包括：

1）以差异为导向目的是推动企业不断研究创新，形成适宜高效的质量管理体系；

2）差异导向深入探索实践适应竞争性领域的差异化型号质量管控模式，分析任务和用户的差异化，转化为内部管理的差异化；推进产品化，实现去型号化、去任务化要求；在做“加法”完善质量要求基础上，同时做“减法”实施差异化的质量管理，做到保质量提效益、保成功降成本，抓重点、抓关键、抓薄弱，在质量管理理念和方法上不断创新，提升管理效能；

3）差异导向体现不同主体的独特性，尊重个体差异。

（3）模型特点

①质量纪律检查模型覆盖科研生产和产品保证全流程

质量纪律检查覆盖产品研制、生产全流程并包含与之相关的基础管理各环节进行综合性管控。检查对象从一线员工扩展到企业领导、部门领导，将检查的内容从一线现场的质量纪律执行扩展到业务管理部门的管理职责和流程，将检查的依据从工艺文件扩展到上级要求、标准规范、规章制度和体系文件，将检查的地点从生产现场扩展到调试、试验等各类现场及机关部门，质量纪律检查做到“纵向到底、横向到边”，既关注产品也关注管理，既关注员工更抓住领导，既暴露个性问题更发现系统问题。

②质量纪律检查以反复迭代构建模型的自我完善机制

质量纪律检查是一个在实践过程中不断策划、实施、验证、总结、改进的迭代过程，在实践过程中不断修正检查模式、检查方法和模型构建，以年度为单位周期，年初进行模型策划，年底进行模型评价，并在下一年度对模型进行修订完善。在模型使用的实践过程中反复使用 PDCA 方法修正，具有更好的灵活性和时效性，形成自我完善机制。

③质量纪律检查以过程层和驱动层构建立体式监督模型

质量纪律检查以过程层面的责任导向、问题导向、风险导向、过程导向构建监督检查链路，串联起科研生产和质量保证全流程，同时，以目标导向和差异导向拉动企业在经营发展上全面提升。过程层面作为企业生产运营的基础，以“四个导向”做到全覆盖，夯实基础。同时驱动层面的目标和差异化管理牵引企业在全方位管理上做到改进有方向，发展有规划，提升有战略。立体式监督检查模型推进企业在夯实基础管理的同时，提升综合经营能力。

## 3.3　质量纪律检查理论在质量管理理论体系中的地位

### 3.3.1　质量纪律与过程管理

过程管理涉及对以下这些方面所必需的活动的计划与管理，即实现关键业务过程的高绩效，识别改进质量和运营绩效以及顾客满意的机会。

过程管理活动有助于避免缺陷和差错，消除浪费和冗余，从而通过更短的运转周期、更大的灵活性和更快的顾客响应，实现更好的质量以及公司绩效的改进。

组织的所有工作在本质上都是通过某种过程来完成的。常见的业务过程包括了解顾客和市场，战略计划，研究开发，采购，开发新产品和服务，完成顾客订单，管理信息，测量和分析绩效，培训员工等。

领先的公司会在整个价值链上识别影响顾客满意的过程。这些过程通常被划分为两大类别，即价值创造过程和支持过程。

价值创造过程是指对于企业运转以及保持或获取竞争优势最为重要的过程。它们驱动着产品和服务的创造，对顾客满意至关重要，对组织的战略目标有着重要的影响。价值创造过程通常包括设计、生产/提供以及其他的关键业务过程。设计过程包括所有将顾客要求、新技术以及以往的学习体现到产品规范中的活动，它规定了产品的适用性。生产/提供过程创造或提供实际的产品，如制造、装配等。这些过程的设计必须确保产品符合生产质量规定，还要经济、有效地进行生产。产品设计在很大程度上将影响生产的效率和服务战略的灵活性。因此，它必须与生产/提供过程相协调。产品的最终价值，以及顾客的感知质量，取决于这两类过程。

支持过程是对组织的价值创造过程、员工和日常运营最为重要的过程。通常它们为价值创造过程提供基础，却不会直接为产品和服务增加价值。

过程管理由设计、控制和改进三个方面的活动组成。

过程的设计始于识别过程和对过程的文件化。过程往往跨越了传统的组织职能部门，要准确地界定一个过程就必须进行一些调查和思考。对一个过程进行文件化涉及对其运行方式的描述。这可能包括制作流程图、编写操作程序和作业指导书。一个良好的过程设计要通过确保满足内外部顾客的要求来防止出现质量问题，还要能够实现规定的绩效水平。

### 3.3.2　质量纪律与质量监督

结合航天型号产品质量管控要求及生产实际，以质量纪律监督检查为抓手，将检查的对象从一线员工扩展到厂所领导、部门领导，将检查的内容从一线现场的纪律执行扩展到所有业务部门的管理职责和流程，将检查的依据逐步从工艺文件扩展到上级要求、规章制度、标准规范、体系文件，将检查的地点从生产现场扩展到设计、调试、试验各类现场及规划、人力资源、研制计划及市场等各部门，航天电子质量纪律监督检查做到了“纵向到底、横向到边”，既关注了产品也关注了管理，既关注了员工更抓住了领导，既暴露了个性问题更发现了系统问题，较之以往的各类检查具有不可替代的优势和特色。

质量纪律检查既是院、厂所、车间等为主体的内部自我监督，又是针对下级单位或组织的外部督查，从而形成了上下联动、内外互补的体系化质量监督模式。

质量纪律监督检查不同于二方审核关注的采购产品实现过程和传统工艺纪律检查关注的工艺秩序遵守情况，航天电子质量纪律监督检查建立了覆盖型号（产品）科研生产和过程管理全流程的监督模型，通过责任导向抓落实，问题导向抓改进，风险导向抓预防，过程导向抓量化实现对产品研制全过程的环绕式监督检查，通过目标导向抓提升，差异导向抓创新实现对产品和企业发展的拉动式监督检查，构建了以环绕式和拉动式相结合的产品实现全过程监督检查模型。

# 第 4 章　质量纪律管控的实践

## 4.1　理论与实践的结合探索

### 4.1.1　质量纪律检查模型的主要特点

（1）质量纪律检查模型覆盖科研生产和产品保证全流程

质量纪律检查（以院级检查为例）与传统工艺纪律检查、体系认证审核及二方审核等检查活动不同，见表 4－1。质量纪律检查覆盖产品研制、生产全流程并包含与之相关的基础管理各环节进行综合性管控。检查对象从一线员工扩展到企业领导、部门领导，将检查的内容从一线现场的工艺纪律执行扩展到业务管理部门的管理职责和流程，将检查的依据从工艺文件扩展到上级要求、标准规范、规章制度和体系文件，将检查的地点从生产现场扩展到调试、试验等各类现场及机关部门，质量纪律检查做到了“纵向到底、横向到边”，既关注了产品也关注了管理，既关注了员工更抓住了领导，既暴露了个性问题更发现了系统问题。

**表 4－1　质量纪律检查与传统工艺纪律检查及常用审核对照**

| 项目 | 体系认证审核 | 二方审核 | 传统工艺纪律检查 | 质量纪律检查（以院对厂、所为例） |
|---|---|---|---|---|
| 目的 | 证实组织具有稳定地提供满足顾客要求和适用的法律法规要求的产品的能力 | 证实组织具有提供满足自身要求的产品的能力 | 依规生产，纠正有章不循 | 严格过程控制，大幅度减少操作和低层次质量问题 |

**续表**

| 项目 | 体系认证审核 | 二方审核 | 传统工艺纪律检查 | 质量纪律检查<br>（以院对厂、所为例） |
|---|---|---|---|---|
| 依据 | GJB 9001C/用户要求/相关的国军标 | GJB 9001C/合同（任务书、技术条件）/产品规范 | 设计文件、工艺文件、质量控制文件、技术标准 | 各单位体系文件；相关的航天标准；航天科技集团相关的管理制度；院的相关管理要求、制度 |
| 范围 | 体系认证覆盖的所有产品 | 二方订货的产品 | 生产线 | 单位涉及的所有型号产品（特别是重点单位/重点型号/重点产品） |
| 人员组成 | 外审员 | 用户代表及专家 | 车间主任、主管技术领导、工艺员等 | 院领导及机关部门领导、相关专业专家 |
| 定位 | 完成机构审核任务 | 完成审核任务/查找单位的问题 | 保证生产过程执行度 | 根据各型号具体生产短线/出现问题就如何解决问题研究措施，达成共识，督促整改，实现预防管理 |
| 方法 | 抽查文件资料证据 | 抽查文件资料等证据 | 现场检查 | 座谈＋考试＋询问＋查现场＋查资料 |
| 形式 | 首末次会/现场审核 | 首末次会/现场审核 | 现场 | 首末次会、直奔现场 |
| 对象 | 最高管理者/管理者代表<br>全过程/体系覆盖部门 | 合同产品涉及的设计、工艺、生产部门 | 一线员工 | 领导层/型号指挥/总师<br>专业领导/一线员工<br>型号产品研制相关的主要业务部门和设计、工艺、生产、调试、试验、质量、检验部门 |
| 重点内容 | 所有代表性产品全过程 | 采购产品实现过程 | 工艺秩序遵守情况 | 结合厂（所）型号产品和生产任务特点，有针对性和有效地查找过程管理与产品质量保证的薄弱环节，面向管理查责任落实、面向风险查识别管控、面向过程查制度落实、面向问题查持续改进、面向结果查考核奖惩 |
| 表现形式 | 开具不符合项 | 开具不符合项 | 违章操作问题 | 各类问题清单拉条挂账 |
| 时间 | 根据单位人数确定人日数 | 根据需要确定 | 1～2 人·日 | 20～30 人·日 |
| 周期 | 一年一次 | 不定 | 不定 | 2 轮/年 |

续表

| 项目 | 体系认证审核 | 二方审核 | 传统工艺纪律检查 | 质量纪律检查（以院对厂、所为例） |
|---|---|---|---|---|
| 结果 | 取得证书 | 签订任务合同 | 立查立改 | 以检促建、以检促改，大幅减少质量问题，提升管理能力 |

（2）质量纪律检查以反复迭代构建模型的自我完善机制

质量纪律检查是一个在实践过程中不断策划、实施验证、总结、改进的迭代过程，在实践过程中不断修正检查模式、检查方法和模型构建，以年度为单位周期，年初进行模型策划，年底进行模型评价，并在下一年度对模型进行修订完善。最初的工艺纪律检查并未固定模式和模型，而是根据对企业形势、任务的研判以及当前经营管理存在的突出问题制定的动态模型，在模型使用的实践过程中反复使用 PDCA 方法修正，因此具有更好的灵活性和时效性，形成了自我完善机制。

（3）质量纪律检查以过程层和驱动层构建立体式监督模型

质量纪律检查以过程层面的责任导向、问题导向、风险导向、过程导向构建监督检查链路，串联起科研生产和质量保证全流程，同时，以目标导向和差异导向拉动企业在经营发展上全面提升。过程层面作为企业生产运营的基础，以“四个导向”做到全覆盖，夯实基础。同时驱动层面的目标和差异化管理牵引企业在全方位管理上做到改进有方向，发展有规划，提升有战略。立体式监督检查模型推进企业在夯实基础管理的同时，提升了综合经营能力。

#### 4.1.1.1　检查要素和检查准则

（1）检查要素

依据 GJB 9001C、《航天型号精细化质量管理要求》以及航天质量制度、标准规范要求和航天型号（产品）质量工作关注的重点内容，以“六个导向”为主线，确立质量纪律检查要素。其中一部分检查要素是常规重点质量工作，另一部分检查要素是当前质量管理的薄弱环节。检查要素的确定一方面考虑了传统的质量管理体系的相关要素，如内审和管理评审、质量责任制、体系文件控制、产品检验、产品标识和可追溯性等，这些要素在通用质量管理要求的基础上，补充了航天质量管理的特殊要求，另一方面更多突出了航天质量管理的范畴和规律，反映了面向复杂航天产品质量管理和过程质量控制的重点，体现了航天质量管理的经验和成果，如科研生产风险识别管控、型号（产品）技术风险分析管理、质量问题归零管理、技术状态管理、标准规范体系建设、产品工程建设等，经过在实践过程中不断动态优化，研究项目以“依据充分、覆盖全面、详略得当、清晰易懂”为原则形成了质量纪律检查的33个院级检查要素（二级要素）和198项院级检查实施准则，见表4-2。

**表4-2　质量纪律检查模块、要素及要素内涵**

| 一级要素 | 编号 | 二级要素 | 要素内涵 | 备注 |
|---|---|---|---|---|
| 责任导向 | 1-1 | 质量责任制及考核 | 各级领导的质量管理职责在型号管理、质量问题归零、质量纪律检查等各项活动中能够逐级分解，保障资源，并严格考核，确保相关工作贯彻落实到位 | |
| | 1-2 | 质量管理体系运行 | 建立质量管理体系，并实施动态管理；组织管理评审，确保管理评审输入充分、输出完整；通过各级质量管理体系审查、评估等活动对质量管理体系文件的系统性、适宜性进行检查，持续改进 | |
| | 1-3 | 资源保障 | 围绕科研生产任务，从人力、物力、财力等方面提供系统的资源保障条件，确保科研生产中的各项工作有效落实 | |
| | 1-4 | 全员质量培训 | 建立质量教育培训制度，提升全员业务能力和质量意识，促进科研生产管理和质量管理能力提升 | |
| 风险导向 | 2-1 | 风险识别与管控 | 建立风险管控机制，管理流程明确，责任落实到位，风险工作策划全面，风险管控方案和计划合理可行，要求传递到位，措施闭环 | |
| | 2-2 | 科研生产任务综合策划 | 科研生产计划管理制度完善，责任落实到位，制定的工作计划规范、精细，科研生产计划管控过程有效 | |
| | 2-3 | 产品保证推进 | 建立了产品保证机制和机构，对科研生产过程中各项重点工作系统策划，并制定保证措施，确保科研生产任务顺利开展 | |

**续表**

| 一级要素 | 编号 | 二级要素 | 要素内涵 | 备注 |
| --- | --- | --- | --- | --- |
| 风险导向 | 2-4 | 产品外包管理 | 建立外包管理制度，明确外包管理责任，规范外包合同、合格供方管理；准确传递航天型号产品管理要求和产品技术要求，严格管控外包产品质量 | |
| | 2-5 | 物资管理 | 按照物资管理的相关要求，开展物资风险分析、设计选用与评审，对供应商实施认定和评价，规范外购合同管理，确保物资质量受控 | |
| | 2-6 | 质量与可靠性管理 | 开展型号产品可靠性保证策划，系统开展设计复核复算，保证六性分析等工作，有效提升产品质量可靠性 | |
| | 2-7 | 软件工程化 | 软件实施工程化管理，建立软件研制质量管理体系，明确软件研制过程和组织机构，软件技术状态受控、安全可靠 | |
| | 2-8 | 技术评审管理 | 制定技术评审制度，建立专家队伍，扎实有效地开展技术评审工作，为型号提供技术服务与保障 | |
| | 2-9 | 设计验证试验管理 | 对设计验证试验系统进行策划，对设计验证试验的充分性和覆盖性进行分析，确保产品技术指标满足使用要求 | |
| 过程导向 | 3-1 | 型号量化控制推进 | 建立量化控制工作推进管理机制，成立组织机构，策划和推进量化控制工作的扎实实施 | |
| | 3-2 | 型号工艺管理 | 系统策划型号产品工艺工作，设计与工艺深度协同，有效识别工艺风险，严格工艺文件管理，积极开展工艺攻关和转阶段工艺清理等工作，提升型号产品工艺保证能力 | |
| | 3-3 | 标准化管理 | 建立标准化队伍，开展标准化工作策划，建立标准规范体系，推进岗位标准实施目录应用，开展标准规范制修订，推进标准规范的应用实施 | |
| | 3-4 | 关键过程和特殊过程管理 | 对Ⅰ、Ⅱ类单点故障模式，关键过程和特殊过程进行充分识别和确定，并有效防控，从而确保产品质量 | |
| | 3-5 | 技术状态控制 | 建立技术状态控制程序，规范技术状态更改流程，确保技术状态变化的测试性和有效性，对三单的统计与分析，严格生产现场的技术状态管控 | |

**续表**

| 一级要素 | 编号 | 二级要素 | 要素内涵 | 备注 |
|---|---|---|---|---|
| 过程导向 | 3－6 | 环境与多余物控制 | 对环境控制要求进行识别和控制，确保现场环境满足科研生产需求；建立多余物控制机制，采取多余物控制措施，提升产品质量 | |
| | 3－7 | 静电防控 | 建立静电防控管理体系，组织静电防护知识培训，严格EPA区、防静电设施管理，规范静电防护操作，提升静电防控能力 | |
| | 3－8 | 设备、工装与仪器管理 | 制定日常维护要求及规范，定期对设备、工装与仪器等进行维护和检定，确保状态受控，满足生产需要 | |
| | 3－9 | 试验控制 | 对试验过程严格管控，试验依据明确充分，确保试验数据的有效采集和应用 | |
| | 3－10 | 产品检验与验收 | 依据文件要求开展产品检验工作，建立独立的产品检验机构，配置检验人员，对发现的不合格品进行审理，严格控制产品检验及验收过程 | |
| | 3－11 | 数据包及过程记录 | 建立产品数据包管理制度，开展数据包络分析，严格过程质量记录，利用多媒体记录等手段，全面真实反映产品的质量状态，确保质量过程的可追溯性 | |
| 问题导向 | 4－1 | 面向产品的质量分析与归零管理 | 建立面向产品的质量分析机制，重点识别并解决共性质量问题，持续改进。按照“双五条”原则开展质量问题归零工作，对措施落实及举一反三情况实施闭环管理 | |
| | 4－2 | 两重一共管理 | 建立两重一共问题识别与处理制度，落实组织管理机构责任，对两重一共问题实施管控 | |
| | 4－3 | 质量纪律检查与整改 | 建立质量纪律检查制度，开展质量纪律检查策划与实施、质量监督检查机制运行、科研生产和质量体系评估实施，确保问题整改到位，持续改进 | |

**续表**

| 一级要素 | 编号 | 二级要素 | 要素内涵 | 备注 |
| --- | --- | --- | --- | --- |
| 目标导向 | 5－1 | 规划制定与实施 | 依据上级发展规划要求及自身发展需要，制定本组织科研生产和产品规划等相关的规划和实施计划，确保相关工作的有效实施 | |
| | 5－2 | 质量目标制定与落实 | 对质量目标进行分解和落实，对完成情况进行分析和总结，严格实施考核 | |
| | 5－3 | 制造模式转型升级 | 开展信息化建设，推进数字化、智能化技术研究，探索先进制造模式、精益工艺设计等工作，促进制造模式转型升级 | |
| | 5－4 | 技术创新 | 建立技术创新机制，建设专业支撑机构，将技术创新成果在科研生产中有效应用，为型号提供所需的技术服务 | |
| 差异导向 | 6－1 | 产品工程建设 | 对产品工程建设工作进行整体规划，明确目标，制定机制，积极推进型谱建设、生产线建设、流程优化等工作 | |
| | 6－2 | 质量管理差异化 | 根据型号产品的领域、阶段、特点、生产模式等不同以及用户需求、产品性能、质量要求、任务背景等不同，制定科学适宜的科研生产组织模式，实施差异化的质量控制要求 | |

在项目实施和研究过程中，项目组根据问题分析和检查情况，对检查要素及时进行了动态改进。特别是针对研究院产品特点和质量管控的薄弱环节，如静电防护、多余物控制、试验控制、过程记录等。检查要素根据质量纪律检查工作开展情况以及年度质量工作要点、院及各单位质量形势和任务变化进行动态调整、持续优化，以评估要素的适宜性，各年度检查要素的制定和补充情况见表 4－3。

**表 4－3　质量纪律检查要素演变**

| 实施时间 | 检查要素 |
| --- | --- |
| 2014 年 | 静电防护、多余物控制、过程记录、试验状态 |
| 2015 年 | 静电防护、多余物防控、过程控制与记录、试验状态控制、九新识别和控制、产品质量技术评审、成功数据包络分析、领导责任落实、面向产品的质量分析、面向问题的管理归零 |

**续表**

| 实施时间 | 检查要素 |
| --- | --- |
| 2016 年 | 领导质量管理职责分解与落实，资源保障，管理评审，考核奖惩，科研生产风险策划识别管控，型号（产品）技术风险管理，生产计划管理，技术评审管理，软件质量管理，外包管理，技术状态管理，三再，型号产品量化控制管理，工艺管理及文件管理，过程控制与记录管理，静电防控，多余物控制，试验控制，设备、工装与仪器管理，环境控制，物资管理，质量问题，质量分析与改进，内外部质量监督工作效果及提出问题的改进，评估薄弱环节（科研，质量），工艺纪律自查与整改，规划与实施，质量目标与质量提升工程目标，技术创新，制造模式转型升级，标准（规范）体系建设与应用，产品工程建设，科研生产管理模式转型，产品研制生产使用流程优化，用户需求差异，产品特点差异，研制批产差异，内部管理差异 |
| 2017 年 | 质量责任制及考核，质量管理体系运行，资源保障，全员质量培训，风险识别与管控，科研生产任务综合策划，产品保证推进，产品外包管理，物资管理，质量与可靠性管理，软件工程化，技术评审管理，设计验证试验管理，型号量化控制推进，型号工艺管理，标准化管理，关键过程和特殊过程管理，技术状态控制，环境与多余物控制，静电防控，设备，工装与仪器管理，试验控制，产品检验与验收，数据包及过程记录，面向产品的质量分析与归零管理，两重一共管理，质量纪律检查与整改，规划制定与实施，质量目标制定与落实，制造模式转型升级，技术创新，产品工程建设，质量管理差异化 |

以“静电防护”为例，工艺纪律检查初级模型仅含有 4 个要素，即“静电防护”“多余物控制”“过程记录”“试验状态”，静电防护问题是当时研究院质量问题中的突出问题，因此针对静电防护的检查要素编制需适应当时形势背景，从职责、要求、执行、产品落实等静电防护全流程制定了详尽的 21 项三级要素，准则是根据静电问题易发生的点和环节制定的，要求全面但较为散乱。经过检查的动态推进，对检查实施过程中经验证不适合的要求进行删减，对要求不全面不准确的进行补充完善，对要求散乱不系统的进行系统化优化，优化后的三级要素为 15 项，最后在航天科技集团发布新的静电防护体系标准后，再一次优化为 5 项三级要素（部分技术性要素整合为防静电体系要求），准则设定更为系统，具体见表 4－4。与“静电防护”类似，“多余物控制”检查要素由初级模型的 12 项要求优化为中间模型的 7 项三级要素，最终根据多余物控制的新情况、新标准要求，完善为 9 项三级要素，检查准则系统性显著提升，且更易于检查实施，见表4－5。

**表 4－4　“静电防护”要素检查准则演变比较**

| 初始模型中“静电防护”检查准则 | | 质量纪律检查中间模型“静电防护”检查准则 | 最终模型“静电防护”三级要素 |
|---|---|---|---|
| 检查内容 | 要求 | 检查准则 | 三级要素 |
| 体系建立 | 是否建立完备防静电工作管理相关程序、文件、手册等体系要求的文件，并通过认定 | 1）是否建立完备防静电工作管理相关程序、文件、手册等体系要求的文件，并通过认定；体系文件是否明确了静电防护工作的管理者及其职责。<br>2）防静电工作区相关规定和警示标识有否，大小、色彩是否符合要求。<br>3）静电防护技术、管理、操作人员是否进行了相关培训，对静电防护相关知识是否熟知。<br>4）防静电工作区现场温湿度控制情况，温度宜在 16～28 ℃范围内，湿度宜在 40%～60%范围内，不应超出 30%～70%（要求连续监测）。<br>5）EPA 区内地面，工作台，防静电储存架/柜，防静电椅子，防静电包装，防静电服、帽、鞋，防静电腕带，腕带测试仪，温湿度监测仪表，人体静电综合测仪等设施、设备、工具等是否配置到位，是否按要求进行定期检测并记录。<br>6）在设计选用环节是否对静电敏感器件进行了深入识别；是否避免选用静电敏感度过低的器件；是否对静电敏感度过低的器件采取了相应措施；是否在型号产品设计图纸、元器件设计选用报告（清单）中注明了元器件静电敏感等级。 | 1）是否建立了静电防控管理体系，明确了主管部门职责，形成了相应的管理制度。<br>2）是否组织了相关人员进行了静电防控知识培训，确保相关人员静电防控水平满足科研生产需求。<br>3）在设计选用环节是否对静电敏感器件进行了深入识别；是否避免选用静电敏感度过低的器件；是否对静电敏感度过低的器件采取了相应措施；是否在型号产品设计图纸、元器件设计选用报告（清单）中注明了元器件静电敏感等级。 |
| 管理者和负责人 | 体系文件是否明确了静电防护工作的管理者及其职责 | | |
| 工艺文件 | 工艺文件是否明确了静电敏感产品防护注意事项、操作规程 | | |
| 产品识别 | 是否有文件明确本单位承担的静电敏感产品范围、等级 | | |
| 过程、环节、区域、人员 | 是否有文件明确静电防护有关的过程、环节、区域及人员 | | |
| 管理人员能力及培训 | 静电防护管理人员是否进行了相关培训，对静电防护相关知识是否熟知 | | |
| 处置人员能力及培训 | 操作、检验、试验等现场处置人员是否进行静电防护的初始培训和周期性培训，培训周期应有文件明确 | | |
| 交流电工具接地 | 使用交流电的工具（含烙铁、吸锡器、有缘剥线钳等工具）是否与地连接，接地电阻是否满足要求，检查周期是否满足要求，电烙铁接地要求每次用之前测试 | | |
| 用交流电设备 | 利用公用电源供电的设备，金属机壳是否通过电源保护地线接地，接地是否正确、可靠 | | |
| 电源插座、接线板等 | 是否接触良好 | | |

**续表**

| 初始模型中“静电防护”检查准则 | | 质量纪律检查中间模型“静电防护”检查准则 | 最终模型“静电防护”三级要素 |
| --- | --- | --- | --- |
| 检查内容 | 要求 | 检查准则 | 三级要素 |
| EPA 规定及标识 | 防静电工作区相关规定和警示标识有否，大小、色彩是否符合要求 | 7)生产制造过程是否识别了静电敏感器件及其等级。<br>8)是否在备料计划、采购计划、采购合同和元器件质量保证委托单(书)中标识了静电敏感器件，并提出了相应静电防护要求。<br>9)是否在元器件库房中设立单独的区域对静电敏感器件进行标识及贮存，在清点、取放、包装、运输过程中是否采取了静电防护措施。<br>10)电装工位操作者、检验员操作时是否按规定正确着装、使用防静电设备，调试检测设备是否经过必要的接地、屏蔽处理。<br>11)使用交流电的工具(含烙铁、吸锡器、有缘剥线钳等工具)是否与地连接，接地电阻是否满足要求，检查周期是否满足要求。<br>12)利用公用电源供电的设备，金属机壳是否通过电源保护地线接地，接地是否正确、可靠。<br>13)每个静电防护设备、设施、插座等接地线是否独立，是否存在串联连接情况。<br>14)防静电工作台和工作现场是否存在与工作无关的绝缘物品(如纸制品、塑料制品等)。<br>15)电装车间是否配备腕带连续监测仪、电烙铁测试仪，是否受控且周检周期是否符合要求 | 4)EPA 区内地面，工作台，防静电储存架/柜，防静电椅子，防静电包装，防静电服、帽、鞋，防静电腕带，腕带测试仪，温湿度监测仪表，人体静电综合测仪等设施、设备、工具等是否配置到位，是否按要求进行定期检测并记录。<br>5)生产过程中操作人员是否按要求采取了静电防护措施，是否存在违规操作的问题 |
| EPA 绝缘品 | 防静电工作台和工作现场是否存在与工作无关的绝缘物品(如纸制品、塑料制品等) | | |
| 环境条件 | 防静电工作区现场温湿度控制情况，温度宜在 16～28 ℃范围内，湿度宜在 40%～60%范围内，不应超出 30%～70%(要求连续监测) | | |
| 地面 | 是静电耗散材料，是否定期检测(接地连接每月，接地电阻每年) | | |
| 工作台防静电储存架/柜、椅子 | 是否防静电且定期检测(工作台每月，架/柜每年) | | |
| 包装 | 是否防静电包装(用前检测) | | |
| 服装、鞋、袜 | 防静电服、帽且定期检查(每次用前检查，每月测对地电阻) | | |
| 工具 | 是否防静电工具、有要求的是否定期检查及测试 | | |
| 人体静电综合测仪 | 是否受控且周检，检测周期是否符合要求 | | |
| 腕带、腕带连续监测仪 | 电装车间是否配备，是否受控且周检，检测周期是否符合要求 | | |
| 器件采购、贮存流转、电装、调试、检验、试验过程、包装运输过程 | 防静电控制执行是否满足要求 | | |

**表 4-5　“多余物控制”要素检查准则演变比较**

| 初始模型中“多余物控制”检查准则 | | 质量纪律检查最终模型“多余物控制”检查准则 | 最终模型“多余物控制”三级要素 |
|---|---|---|---|
| 检查内容 | 要求 | 检查准则 | 三级要素 |
| 制度建立 | 是否建立完备多余物防控工作管理相关程序、文件、手册等 | 1)本单位多余物控制执行标准情况，是否执行行业和集团标准或企业标准。<br>2)是否对本单位产品多余物的易出过程和部位进行了分析，在分析的基础上制定多余物防控措施。产品设计过程是否考虑并采取了多余物防控措施；产品制造工艺流程、方法的选择是否有利于多余物防护与去除；工艺过程所用工具、设施对多余物防护与去除的合理性。<br>3)是否针对设计、工艺、操作人员开展了多余物防控培训；生产现场人员是否按规定着装，是否携带与工作无关的物品；人员进入洁净工作区时是否通过风淋装置。<br>4)生产现场环境条件、物料控制、工艺布局是否满足产品对多余物的控制要求。<br>5)生产现场是否正确使用了有利于多余物防控的设备设施。<br>6)是否对零部组件带来的多余物按规定进行了去除和控制。 | 1)是否建立了静电防控管理体系，明确了主管部门职责，形成了相应的管理制度。<br>2)是否组织了相关人员进行了静电防控知识培训，确保相关人员静电防控水平满足科研生产需求。<br>3)在设计选用环节是否对静电敏感器件进行了深入识别；是否避免选用静电敏感度过低的器件；是否对静电敏感度过低的器件采取了相应措施；是否在型号产品设计图纸、元器件设计选用报告(清单)中注明了元器件静电敏感等级。<br>4)EPA 区内地面，工作台，防静电储存架/柜，防静电椅子，防静电包装，防静电服、帽、鞋，防静电腕带，腕带测试仪，温湿 |
| 工艺文件 | 工艺文件是否明确了多余物防控注意事项、操作规程 | | |
| 研究成果转化 | 多余物防控工艺技术研究成果是否已应用在产品研制生产中，应用效果如何 | | |
| 人员培训 | 是否针对设计、工艺、操作人员开展了多余物防控培训；设计、工艺、操作人员对多余物防控要求的掌握情况 | | |
| 人员着装、人员净化 | 生产现场人员是否按规定着装，是否携带与工作无关的物品、人员进入洁净工作区时是否通过风淋装置 | | |
| 设计措施 | 产品设计过程是否考虑并采取了多余物防控措施 | | |
| 工艺措施 | 产品制造工艺流程、方法的选择是否有利于多余物防护与去除 | | |
| 工具、设施措施、现场环境、物料控制 | 工艺过程所用工具、设施、环境条件、物料对多余物防护与去除的合理性是否满足产品对多余物的控制要求 | | |
| 工艺布局、定置管理 | 生产工艺布局是否会造成现场多余物的产生，生产区域是否实行定置管理，保持其清洁整齐 | | |
| 设备、设施正确使用 | 生产现场是否正确使用了有利于多余物防控的设备设施 | | |
| 零部组件控制 | 是否对零、部、组件带来的多余物进行了去除和控制 | | |

**续表**

| 初始模型中“多余物控制”检查准则 | | 质量纪律检查最终模型“多余物控制”检查准则 | 最终模型“多余物控制”三级要素 |
|---|---|---|---|
| 检查内容 | 要求 | 检查准则 | 三级要素 |
| 装配、调试、测试、包装、运输、贮存、检测、剔除 | 装配过程中是否按要求采取了多余物的防控措施 | 7)装配、调试、测试、试验、包装、运输、贮存过程中是否采取有效措施防控多余物 | 度监测仪表、人体静电综合测仪等设施、设备、工具等是否配置到位,是否按要求进行定期检测并记录。<br>5)生产过程中操作人员是否按要求采取了静电防护措施,是否存在违规操作的问题 |

（2）检查准则

检查准则是实施检查的主要依据，检查准则的内容结合检查要素的特点和规律，将该检查要素的上级法规制度、标准要求以及航天精细化质量管理要求进行了有机整合，突出了其中的关键环节和重点工作，尤其是针对目前存在的薄弱环节和问题提出要求，确保检查准则内容的可执行、可评价。检查准则的内容随着年度检查工作的开展进行及时动态修改，不断完善，确保检查准则能够反映最新的质量管理要求。

质量纪律检查准则分为两类，一类是针对产品实现过程类的检查要素编制的检查准则，称为判定性准则，如“过程控制和记录”要素中规定的“是否依据关键件、重要件明细表制定了关键工序，是否设计了关键工序质控卡，是否实施三定，是否设置了关键和强制检验点，记录是否做到细化量化，是否按要求留下图像记录等客观证据”。另一类是针对企业发展提升的拉动式检查准则，如“制造模式转型升级”要素中规定的“数字化仿真设计与精益工艺设计推进情况”。

判定性准则明确了每个检查要素所应包含的工作项目及要求，在检查过程中有明确的判定结果。拉动式检查准则并没有确切的判定依据，而是由检查人员根据被检查单位（部门）相关工作开展情况，识别相关工作开展的程度，并给出牵引式的提升建议，这对检查人员本身有更高要求。表 4－6 是院级检查过程导向模块中要素“数据包及过程记录”的检查准则示例。

**表 4－6　“数据包及过程记录”检查准则示例**

| 检查模块 | 检查要素 | 检查准则 |
|---|---|---|
| 过程导向 | 数据包及过程记录 | 1)是否按照《关于规范航天型号单机产品质量与可靠性数据包的若干要求(试行)》(天科质〔2008〕369 号)、《关于深入开展航天产品数据包工作的通知》(天科质〔2010〕51 号)等文件的相关要求建立了产品数据包(以下简称数据包)的管理制度。<br>2)是否针对产品的类别、特点和工作阶段,规范开展了产品数据包管理的策划工作;是否制定了单机产品数据包清单,清单项目和数据包的内容系统、完整。 |

**续表**

| 检查模块 | 检查要素 | 检查准则 |
| --- | --- | --- |
| 过程导向 | 数据包及过程记录 | 3)是否识别相关包络分析要求,并转化为本组织制度要求。是否严格落实各级各项要求,开展包络分析工作。对于已参加多次飞行的为战略武器、运载火箭及空间飞行器配套产品,产品是否在出厂前完成成功数据包络线的详细分析;关注其他各类产品关键参数的包络分析工作,超差特许和临界及异常数据的影响分析工作。<br>4)是否明确了产品研制及质量记录细化、量化的管理要求,凡是有量化要求的记录是否有实测数据,不可检测项目、不可逆过程的控制结果以及产品装配的最终状态是否留下了可检查的客观证实资料。<br>5)是否根据设计要求、产品生产过程及试验过程控制要求确定多媒体记录项目及工作要求,并对多媒体记录过程实施确认,对多媒体记录结果进行检验并归档;是否结合信息化建设,完善多媒体记录管理,确定编号规则、提供查询途径,便于查询产品的多媒体记录结果。<br>6)是否按图纸、工艺规程、工艺实施细则、规范要求操作,文实是否相符,临时工序、返修产品是否履行了手续。<br>7)是否按工艺文件要求对装配、调试、总装、测试和试验过程不可测项目、关键或重要特性进行有效监视和控制,关键、重要特性量化控制项目实施百分之百提交检验并保持实测记录。<br>8)产品数据包、质量记录、检验报告是否全面反映产品的质量状态,相关记录是否归档,并具有可追溯性 |

数据包及过程记录是针对航天产品研制过程质量管理的特点而研究提出的质量管理做法和要求，因此将其作为“过程导向”模块中的一个重要检查要素。数据包及过程记录核心是要做到研制生产过程有依据，按依据，留记录。过程控制及记录既是院级检查的重点要素，也是厂（所）级、车间（部门）级、班组级检查的重点和核心，特别是车间工艺纪律检查和班组日查点检的最核心项目。数据包及过程记录是传统工艺纪律检查的主要内容，用以验证产品实现过程对于技术文件的执行情况，涵盖生产过程的制造操作、检验、验收等环节，涉及操作执行、过程记录、产品质量评价等方面，并动态对航天型号产品过程控制的相关要求进行逐步落实完善。

综合相关制度、标准中对过程控制、过程记录工作的要求以及对面向产品质量分析工作实施过程中薄弱环节的分析，确定了“数据包及过程记录”检查要素的检查准则，重点关注以下几个方面的内容：建立产品数据包（以下简称数据包）的管理制度；针对产品的类别、特点和工作阶段，规范开展产品数据包管理的策划工作；制定单机产品数据包清单，清单项目和数据包的内容系统、完整；识别相关包络分析要求，并转化为本组织制度要求；操作依据工艺规程情况，是否做到按章操作；对关键工序和强制检验点的控制情况；不可测项目、关键或重要特性的监视和控制；关重特性控制情况；产品过程数据包的管理；三类关键特性的管理；过程质量记录的细化、量化控制和可追溯性；产品检验过程控制情况以及相应检验报告的管理；产品验收和交付过程的管理等。

表4-7是院级检查过程导向抓量化模块中要素“关键过程和特殊过程管理”的检查准则。

**表4-7　“关键过程和特殊过程管理”检查准则示例**

| 检查模块 | 检查要素 | 检查准则 |
| --- | --- | --- |
| 过程导向 | 关键过程和特殊过程管理 | 1)是否按照Q/QJA 71—2011《航天型号单点故障模式识别与控制要求》识别Ⅰ、Ⅱ类单点故障模式,对涉及Ⅰ、Ⅱ类单点故障模式的产品,特别是对影响飞行试验成败的不可检不可测的关键产品,是否采取设置强制检验点、落实“四不到四到”等手段确保产品质量可控。<br>2)是否按照《关于进一步加强航天型号关键件、重要件和关键工序控制的通知》(天科技〔2007〕484号)、QJ 2664—1994《关键工序质量控制》等文件的相关要求开展工作,建立对关键环节控制的相关要求。<br>3)是否按照《航天单机产品三类关键特性表编制与管理要求(试行)》(天科质〔2011〕279号)对产品关键特性及其控制要求进行充分识别、系统梳理和细化分解,制定产品三类关键特性表(设计关键特性表、工艺关键特性表、过程控制关键特性表)并纳入型号研制流程进行管理。<br>4)是否确定各级产品的关(重)件、关键工序(关键过程),并制定具体、可操作的控制措施。<br>5)关键工序的首件产品是否执行首件检验制,标识与填写关键工序首件检测数据记录表,并随产品流转。<br>6)关(重)件超差特许是否按规定进行审理,正(试)样阶段的关键特性、重要特性是否存在超差使用情况。<br>7)关(重)件、关键工序(关键过程)在文件、记录中是否有相应标识;关键工序是否实施三定(定人,定方法,定设备)并形成过程记录;关键过程记录是否填写,是否完整、真实、准确,是否有量化的实测数据。<br>8)是否按照Q/QJA 199—2014《特殊过程控制要求》管理特殊过程,是否充分识别需确认的过程,并制定过程确认的准则,开展确认工作。<br>9)是否对特殊工艺过程的材料(原材料、辅助材料)、待加工产品状态提出要求;工艺文件是否明确工艺参数,并具体规定工艺参数的控制方法与过程操作要点,对设备、仪表、辅助材料(含槽液、介质等)、环境条件提出要求。<br>10)操作人员是否按规定持证上岗;工装、设备、仪器仪表应确保使用状态完好受控;特殊工艺过程的质量控制卡应按工艺文件的规定记录生产过程实际参数值。<br>11)是否保持过程确认记录,确认的结果是否满足确认准则要求,确认结论是否明确 |

(3) 各级检查要素与准则的分解

以院级“六个导向”和38个要素为纲领，厂（所）级检查要素根据各单位和部门任务特点和产品性质，进行适宜性选择、优化、延展和删减，各厂（所）以年度为周期动态修订完善各级检查要素与准则。车间（部门）、班组级检查均制定了相应的检查要求，根据车间、班组专业特点制定了更为细化的检查要素细目，班组级检查每日开展，以点检表的形式确认班组工艺纪律执行状态，提高工作效率和效果。与院、厂（所）级的检查以抓责任、抓全面、抓管理不同，车间（部门）以及班组级检查更需聚焦现场，聚焦执行过程，从而实现检查抓手在产品实现过程和实物上的落实。各级分解与聚焦关系如图4-1所示。

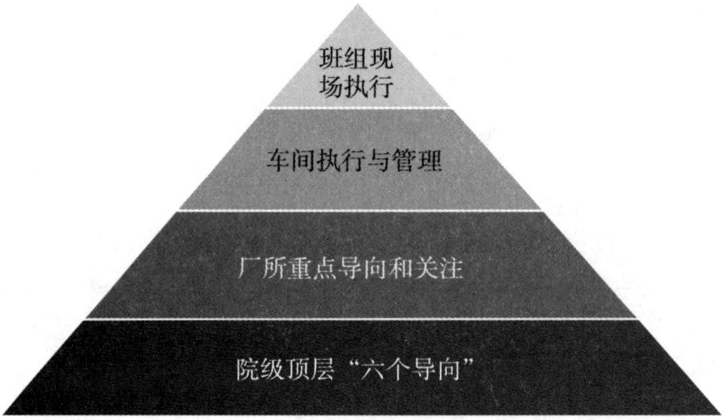


图4-1　各级工艺纪律检查要素分解与聚焦“金字塔”关系

某厂为高等级继电器专业生产厂，继电器产品特点决定了其装配过程对多余物控制要求很高，无论对环境控制还是对装配、清洗、检验方法等均有特殊要求，因此该厂在院级检查要素的基础上重点针对多余物防控提出更具针对性的检查要求，以该厂电磁继电器装配车间检查要素及准则为例：该车间检查准则对车间特殊环境控制以及各零件装配、周转、清洗、防护、检验等工序均制定了针对性的工艺纪律检查准则，见表4-8。

**表 4－8　某厂电磁继电器装配车间工艺纪律检查**

| 检查项目 | 检查内容 | 检查过程确认 | 违反人员 | 备注 |
|---|---|---|---|---|
| 操作过程 | 1)零件加工流转卡填写有错误 | | | |
| | 2)在 10 万级洁净环境内套壳的 | | | |
| | 3)套壳前镜检时,存在不开洁净工作台现象 | | | |
| | 4)激光焊前,在 100 级洁净间中未装防尘销 | | | |
| | 5)洁净工作台内纸质类文件没有装塑料袋的 | | | |
| | 6)清洗过程不按工艺要求操作的 | | | |
| | 7)周转盘不洁净 | | | |
| | 8)浸泡过程未加盖 | | | |
| | 9)浸泡液面不满足工艺要求 | | | |
| | 10)存在不同零件混合浸泡现象 | | | |
| | 11)镜检完毕转入 100 级洁净套壳间,没有使用洁净推车 | | | |
| | 12)已检工件和未检工件没有分开放置,且无标识牌 | | | |
| | 13)存在零件加工不当现象 | | | |
| | 14)存在首检终检执行不到位现象 | | | |
| | 15)存在设备或夹具使用不当现象 | | | |
| | 16)存在加工不符合工艺文件现象 | | | |
| | 17)现场标识不规范 | | | |
| | 18)操作人员离开工作岗位前,没有清理现场,将工作过程产生的多余物遗留在工作台上 | | | |
| | 19)100 级洁净环境内,未使用高纯氮气吹产品 | | | |
| 文明生产 | …… | | | |
| 质量记录 | …… | | | |
| 技术状态 | ……等共计 60 项 | | | |

某厂是空间遥测遥控、通信产品的专业研制单位，空间产品对于产品可靠性有极高要求，且产品特点决定其产品需使用多种大规模集成电路和大量静电敏感器件，产品极易受到静电损伤。而电子产品电子装联过程又是最易受静电损伤的高危环节，因此该厂电装班组在院“静电防护”检查要素基础上，结合本班组实际情况，制定了更具操作性、针对性更强的班组工艺纪律日检表，对离子风机的使用、腕带连续监测仪的使用等均进行了更为详尽的要求，见表 4－9。

**表 4 – 9　某厂电子产品总装车间电装综合组工艺纪律日查点检表**

| 序号 | 检查内容 | 情况描述 | 备注 |
|---|---|---|---|
| 1 | 生产现场使用、执行的国标、国军标、企业技术标准等是否有效、受控(失效扣 2 分/份) | | |
| 2 | 操作人员是否按规定着装,使用防静电设备并进行安全检查;操作时是否正确佩戴防静电腕带,手上不佩戴戒指等饰品(未做到扣 4 分/人次) | | |
| 3 | 操作时是否开启“腕带在线监测仪”;处置敏感器件时是否开启离子风机(未做到扣 3 分/人次) | | |
| 4 | 生产现场防静电设施是否完好,出现异常时是否停止工作,及时采取措施或报修(未做到扣 2 分) | | |
| 5 | 生产现场温湿度是否受控,记录是否完整;环境温湿度未达到规定要求时是否及时采取加湿或去湿的措施(未做到扣 4 分/次) | | |
| 6 | 生产现场使用的离子风机等是否定期保养,确保其正常运行(未做到扣 4 分/台) | | |
| 7 | 产品在工序间周转运输时是否按规定采取防护措施(未做到扣 2 分/次) | | |
| 8 | 生产现场使用的仪器设备、电装工具等是否符合工艺规程要求;是否按规定要求对相关仪器设备进行点检,并在检定/校准有效周期内使用;计量器具是否按时送检,发生故障是否及时报修(未做到扣 4 分/台) | | |
| 9 | 现场使用的设计图样、工艺文件是否配套完整,技术状态标识是否清楚,不具备条件时是否及时反馈并在解决后开展具体工作(不符合扣 2 分/次) | | |
| 10 | 生产现场的型号产品是否严格按工艺路线组织生产,无作废、失效的设计图纸、工艺规程和技术资料(不符合扣 2 分/次) | | |
| 11 | 是否按图样、工艺规程、工艺实施细则、规范要求进行操作,文实是否相符,临时工序、返修产品是否履行了手续(未做到扣 5 分/人次) | | |
| 12 | 关键件、重要件、关键工序及特殊过程的工艺资料是否齐全、标识是否清楚(如关键工序质量跟踪卡、关键数据检测记录表),是否按要求填写了相关记录(未做到扣 5 分/人次) | | |
| 13 | 是否按特殊过程工艺要求进行操作,并留下记录(未做到扣 5 分/次) | | |
| 14 | 待料、停产产品的图样、工艺有必要在生产现场保留时,是否能明确区分并有专人管理(未做到扣 2 分/次) | | |
| 15 | 生产现场工艺技术问题处理是否严格按技术管理制度的原则和规定执行,无越权处理技术问题的情况(未做到扣 2 分/次) | | |
| 16 | 生产和服务提供过程的确认过程岗位或控制点 5M1E(人、机、料、法、环、测)控制及原始记录填写是否正确、完整(未做到扣 2 分/次) | | |

### 4.1.1.2　检查方法

(1) 检查组织

项目组建立了严格的各级检查组织程序。院级检查分别由院长、副院长、科技委主任亲自带队，分管质量、物资、科研生产的总师、总助、科技委专家、质量监督代表、各部门部长（副部长）、主管人员组成检查专家组，每年两次，上半年对厂（所）开展检查，围绕确立的检查要素通过深入现场交流沟通并重点关注设计工艺、工艺操作、过程规范、策划管理等内容，对过程要素问题立查立改，下半年对整改落实情况进行抽查；各单位厂（所）级除了配合院级检查工作，对检查出的问题进行系统整改策划和落实外，还要按季度进行自查，自查工作依据院年度检查总策划、厂（所）年度科研生产计划、交付产品质量保证要求进行，自查组由厂（所）领导、型号分管领导、总工艺师（副总工艺师）、科研生产部门领导、物资部门领导、质量部门领导及主要主管人员组成；此外，部门（车间）级除每季度配合厂（所）级检查外，每月还应结合本部门（车间）各工作组实际情况制定自查内容并实施检查，由相应的部门（车间）领导负责，月底将检查结果报送厂（所）质量技术部门汇总统计。

(2) 检查实施

质量纪律检查采取全员参与，四级逐级开展的形式，检查的实施一般包括座谈、询问、查现场、查资料、考试等方式，方法概括为“谈”“查”“看”“考”。

“谈”是指检查组与被检查单位或（部门）的领导层或相关人员举行座谈，如院级检查过程中，院领导通常会组织召开专项座谈会，座谈会通常包括领导层座谈、专项质量分析座谈、年度风险分析座谈、专项攻关座谈等。座谈会根据被查单位实际情况针对性选取召开，各类座谈会侧重不同，目的是解决企业当前一段时期的突出问题，如院级检查过程召开的领导层座谈重点关注企业领导层的职责分配与落实情况，各领导对本年度各自分管业务的策划和采取的措施情况等；领导层座谈重在考察被查单位领导层质量管理的理念和思路，对发现的责任不落实和能力不胜任的及时调整纠正。座谈类别如图 4-2 所示。

“查”是工艺纪律检查的主要检查方法。“查”主要是指查阅文件、资料和

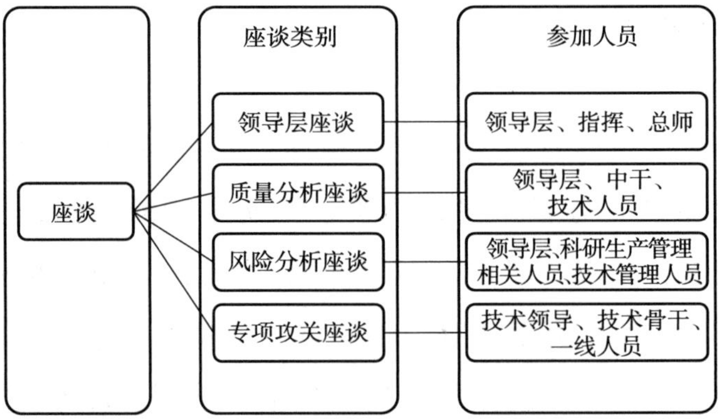


图 4-2　质量纪律检查过程座谈类别

记录，文件、资料的检查主要关注其符合性、有效性、可操作性及其管理。记录的检查主要关注记录的客观性、真实性、完整性和可追溯性。“查”的过程中要关注的几点：1）明确总体，合理抽样。抽样范围应覆盖企业全部产品类别或者范围，如航天用单机企业检查过程的抽样应覆盖宇航、运载、战略武器、战术武器、军贸产品等各类别范围，时间范围应是上次检查后产生的全部文件、记录。2）识别关键过程。应通过检查准备、查阅文件、验证等活动，识别影响产品质量和管理水平的风险较高的环节，如检查物资处元器件采购环节，应重点关注元器件合同要求是否明确。3）识别主要因素。应识别影响过程控制能力的主要因素，并掌握评定这些因素是否处于受控状况的方法，如检查管理评审环节，应重点关注管理评审中“人”和“料”的因素，即关注第一责任人在管理评审过程中的职责落实情况以及管理评审输入信息的完整性、有效性等情况。4）避免主观武断。不能仅凭个人经验和习惯做法判定问题和性质，而应依据检查准则和各项规章制度、标准等要求判断。

“看”是工艺纪律检查现场检查的主要方法。现场工艺纪律执行情况要通过“看”的方法来获取信息。如：现场环境控制情况、现场操作人员着装情况、现场人员操作执行情况、现场物料存放情况、现场设备使用状态、现场在制品标识情况等都是通过“看”的方法获取。“看”的检查方法关键在于核对，如：检查静电防护控制区环境控制，要看现场温湿度计显示情况并核对环境控制记录；检查现场物料有效期，要看物料批次标识，并核对相关物料有效贮存期；检查操作者工序执行情况，要看操作者操作过程，并核对工艺规程的规定等。看到的“问题”，均要在现场做好记录，不确定“问题”性质的，要通过核实相关要求后判定。

“考”是质量纪律检查方法的有益探索。通过推进关键人员考试，针对企业领导层，科研生产、质量管理部门负责人，设计、工艺、生产、试验、外包、外购、标准部门负责人，主任/副主任设计师，主任/副主任工艺师等各类人员涉及的各项管理要求制定形成试题库，以考试、问答的形式促进关键人员对各类标准规范、管理制度的关注和落实。

#### 4.1.1.3　检查流程

（1）院年度工作流程

质量纪律检查是从院到厂（所）、车间（部门）自上而下分级组织实施，院级检查以策划-检查-整改-验证-总结“五步法”工作流程开展，如图 4－3 所示。

①策划准备

全面梳理上一年度工艺纪律检查问题、整改情况和效果，系统总结工艺纪律检查取得的成效和存在的问题，分析面临的新形势、新任务，为继续深入推进工作奠定基础。依据任务和形势相关要求，策划当年度院工艺纪律检查工作思路、主要内容、重点要求和计划安排等工作。针对各单位质量形势和产品特点，制定每个单位的更具针对性的检查策划方案。组织召开年度工艺纪律检查部署动员会，在全院范围内动员布置年度工艺纪律检查工作。

②现场检查

根据年度检查方案和计划制定针对各单位的具体检查计划，并组成检查组实施院级检查。

③制定整改方案，完成改进提升

各单位针对工艺纪律检查发现问题，系统分析、制定整改方案及计划，各单位在检查问题反馈后三周内完成方案的制定，主要领导组织进行内部评审后上报院，院组织对各单位方案进行审查，审查通过后由各单位正式下发整改方案和计划的红头文件并严格按方案和计划开展整改工作。需较长时间完成整改

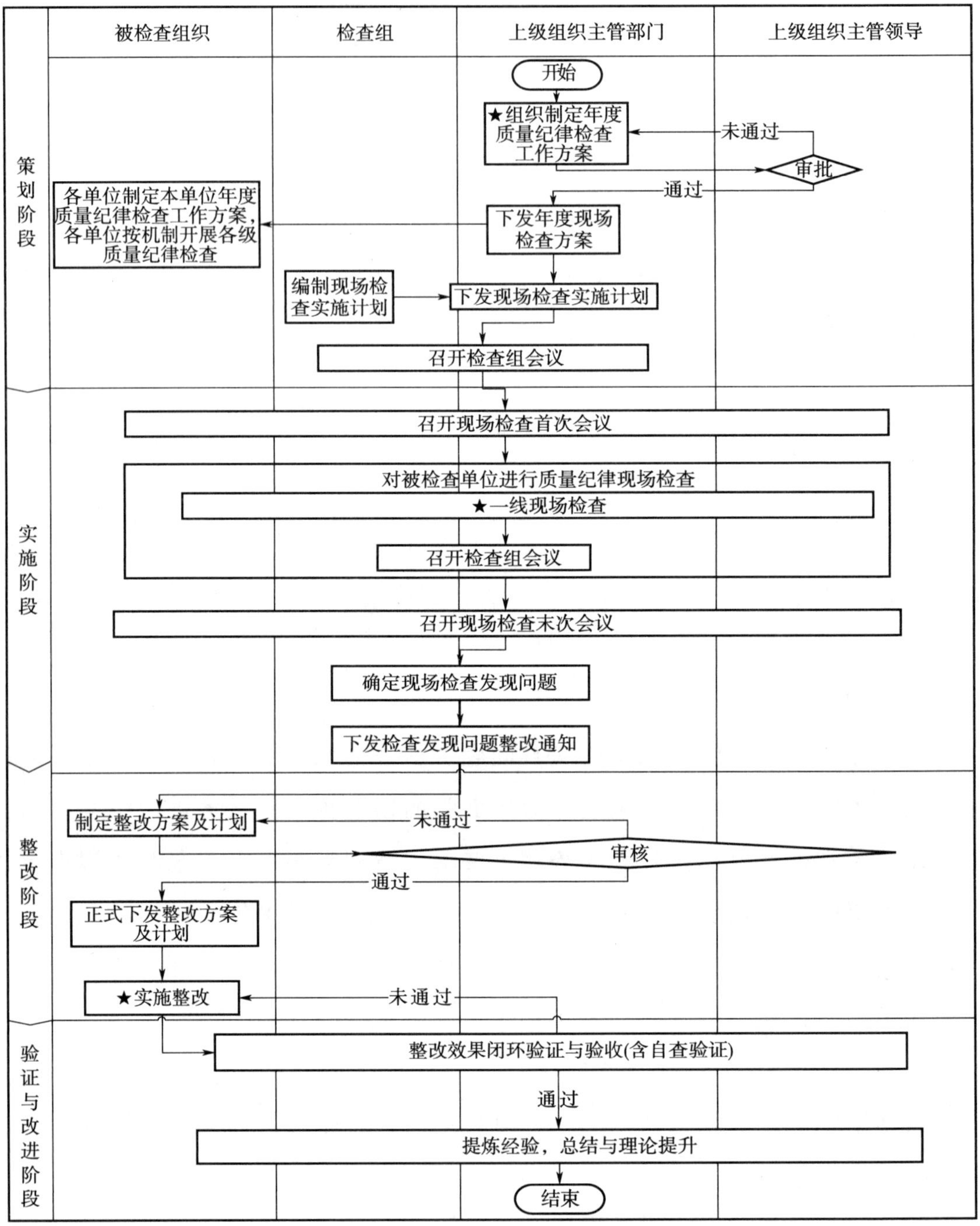


图 4－3　质量纪律检查工作流程

的问题，制定专项计划推进实施整改。

④整改验证与验收

依据各单位整改方案和计划，检查组对各单位整改实施完成情况和效果进行现场闭环验证，对提出的全部问题逐一闭环确认，并对各问题的“举一反三”开展情况抽样核验。

⑤巩固成效，总结推进

全面总结院当年工艺纪律检查效果、经验及不足，提炼固化改进成果，并进一步完善以工艺纪律检查为抓手的过程管控机制。

（2）院对厂（所）的质量纪律检查具体流程

①检查前的工作

1）院下达年度检查工作计划，明确院检查工作依据、重点、要求、计划安排。

2）组建检查专家组，针对年度检查工作的重点，开展对质量纪律检查专家的培训。

3）院将在对单位正式检查前下达对各单位的检查实施计划，明确具体的检查日程安排、检查工作组组成以及重点检查的厂（所）及型号等内容。

②组建检查组

1）检查组由院领导、总师、总助、机关相关部门领导、检查专家组成。

2）检查专家是在各单位推荐的基础上，由院根据需要筛选。检查组总人数是 8～10 人。

③制定现场检查实施计划

1）制定详细的现场检查时间表。

2）明确检查组的分工。

3）根据各单位具体情况明确检查关注的重点。

④现场检查

a. 首次会

1）参加人员包括：检查成员和被检查单位主要领导，主管技术、生产、质量、工艺、物资领导，涉及的有关厂（所）、型号或产品的负责人，相关部门负责人、各车间（部门）负责人，检查工作配合人员等。

2）检查组组长宣布检查的目的、范围、要求、检查组成员以及日程安排，并说明相关事项。

3）被检查单位的主管领导汇报：本单位工艺纪律检查机制建设及运行情况；本单位年度科研生产策划情况；本年度主要风险事项及应对措施；一年内型号产品重大质量问题及归零情况；明确检查配合人员。

b. 现场检查

1）检查组专家按照检查要素的分工进行现场检查。

2）现场检查的主要工作：对照检查要素的检查内容要求找出薄弱环节；填写现场检查记录表。

3）现场检查活动可考虑按检查小组安排在就近的会议室或研究室、实验室、车间、库房、失效分析等专业机构、车间班组现场等，以便调阅资料或找人了解情况，或通过内网查阅资料。

4）检查组领导与厂（所）领导、型号设计师、指挥、主要部门领导进行座谈。

5）随机抽取设计师、技术、科研生产、质量、研究室、车间领导进行考试。

6）针对单位突出质量问题与相关人员共同分析原因。

c. 现场检查记录

现场检查记录表的主要内容包括：

1）主要检查活动；

2）检查中发现的主要问题及建议（填写应明确、具体，便于被检查方的整改落实）；

3）检查中发现的好的经验和做法。

现场检查记录表是后续被检查方进行问题整改以及院梳理共性问题的主要依据。

d. 检查问题汇总并召开内部沟通讨论会

1）检查组汇总各检查专家发现并提出的需整改问题；

2）检查组组长组织检查组成员进行内部沟通，主要内容：检查组专家结合现场检查记录表，对各要素检查情况进行汇报；

3）检查组对被查单位做法相对独特，但不符合航天型号质量管理要求的要素进行重点讨论；

4）检查组对确需整改的问题及其表述达成一致意见；

5）形成工艺纪律检查问题反馈表。

e. 末次会

1）参加人员：同首次会到会人员。

2）会议主要内容：检查组将检查中发现的问题和薄弱环节汇总后反馈被查单位，检查组对检查过程中发现的典型问题和有争议问题进行点评讲解。被查单位的主要领导表态讲话，说明针对薄弱环节的改进初步考虑。带队院领导总结讲话。

⑤改进提高阶段的主要工作

1）院检查组组织对各单位上报的整改工作方案和计划进行文审，并提出完善意见，反馈被检查单位，被检查单位对意见及建议进行落实，并上报修订稿。

2）院检查组组织召开对被查单位整改方案的审查会，审查通过后，由被查单位下发并上报正式的整改方案及计划（红头文件）。

3）院检查组于整改完成后（每年下半年）组织对被查单位整改情况进行现场闭环验证和验收。

#### 4.1.1.4　检查机制

（1）建立了组织管理体系

建立了院、厂（所）、车间（部门）各级工艺纪律检查管理机构，明确了各级主要领导、主管领导以及主管部门相关人员的职责。各级按年度策划和实施质量纪律检查工作，院级检查在厂（所）级检查基础上进行，厂（所）级检查在车间、班组级检查基础上进行。各级质量纪律检查的主要问题、突出共性问题和评价结果均纳入质量分析和质量考核。按年度对质量纪律检查工作进行系统总结，在此基础上，不断完善检查的模式、方法、程序和工作机制。组织机构如图 4－4 所示。

依据检查要求，对相关职责进行了明确。

院归口管理部门，其主要职责是：

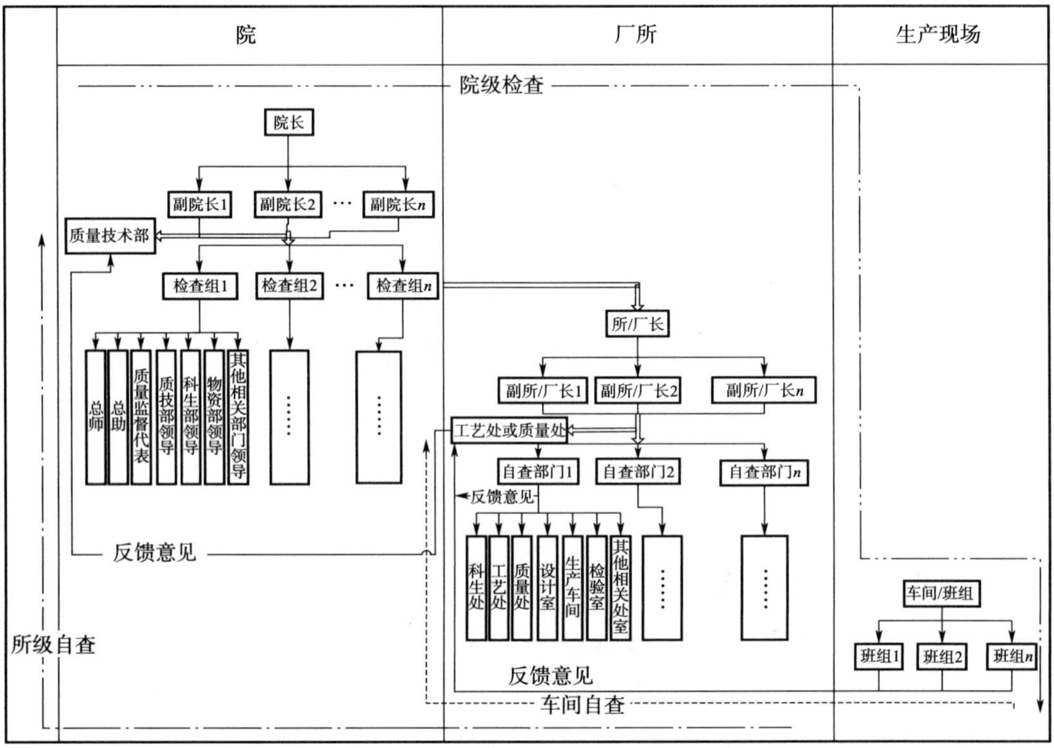


图 4－4　质量纪律检查实施三级组织机构图

1）制（修）定质量纪律检查管理办法及实施细则等文件；

2）拟定年度质量纪律检查工作目标、思路和重点；

3）制定年度质量纪律检查工作方案；

4）组建检查组；

5）开展对下级组织的现场检查，审查、批准检查组提出的现场检查实施计划；

6）审查检查组提交的检查报告和检查结果，通报检查结果；

7）下发检查发现问题整改通知，对检查整改方案和计划进行审查，并对检查整改情况进行验证和评价；

8）对质量纪律检查工作的实施情况进行定期分析与改进，建立持续改进的长效机制；

9）提出对下一级组织的考核意见，实施考核奖惩；

10）组织开展质量纪律检查工作的总结交流活动。

各级相关部门职责如下：

1）负责本部门主管领域内相关检查与评定；

2）参与质量纪律检查策划工作；

3）协助督导本部门业务范围内的检查和整改工作。

各级检查组职责如下：

1）编制对下一级组织的现场检查实施计划；

2）负责对下一级组进行织现场检查工作；

3）提出现场检查结论和对被检查组织后续工作意见；

4）负责对下一级组织整改工作的全程督导和验收。

基层组织及成员职责如下：

基层组织及成员职责由其上级组织根据自身实际和需求确定，按要求履行定期开展针对现场的常规检查职责，应重点明确自查、落实和整改责任。

各厂（所）的主要职责是：

1）建立本单位工艺纪律检查工作机制，制定本单位工艺纪律检查管理办法，建立检查组织机构和专家队伍，明确职责；

2）制定年度工艺纪律检查工作计划，开展本单位工艺纪律自查工作；

3）配合院工艺纪律检查组工作，为院级检查提供必要的条件和所需的证据材料；

4）根据院级检查结果，针对薄弱环节，制定改进方案和计划，并组织落实，同时总结、固化、推广检查工作中发现和确认的有效做法和成功经验。

（2）形成了制度文件体系

院制定了《院工艺纪律检查实施细则》，各厂（所）结合自身质量管理的特点和具体要求，对院顶层要求进一步细化，形成本单位管理办法和细则。厂（所）、车间、班组等各级对照院级实施细则，通过梳理相关质量制度、标准规范，建立了支撑质量纪律检查的制度文件体系，为各级开展质量纪律检查提供了技术支撑。

对质量纪律检查制度文件进行动态管理，一方面是通过总结检查工作，完善检查细则等与检查直接相关的制度文件（基本按年度进行修订），另一方面是通过挖掘和总结质量纪律检查发现的好的做法，进一步完善各级科研生产管理制度、质量管理制度、标准和规范，健全各单位科研生产管理和产品质量保证全流程体系建设。三年间，院机关共修订了关键环节控制、外包管理、质量分析、质量问题归零及举一反三等与科研生产密切相关的 8 项管理制度。各厂（所）通过实施工艺纪律工作，推动制修订各类制度、标准、规范 1200 余份，促进了各厂（所）管理的规范化。

（3）实现了持续改进

按年度对检查结果进行总结分析，识别工作中存在的问题，确定下年度工作重点。完善、优化质量纪律检查模型，明确下年度工作模式及方法；分析各单位发现的问题，识别薄弱环节，提出针对不同单位的检查重点；在研究各单位整改效果的基础上，总结有效做法和经验，完善、固化到各级管理制度中，不断健全质量纪律检查实施体系和提高企业过程管理水平。

同时，针对质量纪律管控应用过程中不同单位主体的实际情况，在新的一轮实践中，院提出了新的规划，即采取 $6+N$、标准化、分类推的方式，来提高应用的有效性和针对性。

### 4.1.2 质量纪律检查实施效果

院自 2014 年起开始实施质量纪律检查以来，取得了良好的效果。2014 年实施改进 642 项，2015 年实施改进 702 项，2016 年实施改进 757 项，有效促进了各单位产品质量和管控水平的提升。2015 年与 2011 年相比质量问题数下降了 36.5%。各型号未发生因院配套产品影响发射成功的质量问题，院配套产品经受住了高强密度发射的考验，质量形势总体平稳。在实施中总结经验，通过不断完善“工艺纪律检查”的策划、设计和实践，取得如下效果。

（1）产品交付数量增长的情况下，质量问题总数量下降

如图 4－5 所示，2015 年与 2011 年相比，院交付整机产品数增长 93.7%、元器件产品数增长 38%。在型号飞试任务和交付产品数量屡创新高的情况下，院质量问题数下降了 36.5%，折算亿元产值问题数由 2011 年的 3.41 个/亿元下降到 2015 年的 0.93 个/亿元。其中，产品出厂后问题数下降了 32%（125/

85)；操作问题数下降了 51.7%（58/28），外购外协问题数下降了 46%（50/27），元器件批次性问题数下降了 55%（9/4），院精细化质量管理能力稳步提升，一些突出问题经过治理得到明显改善，在型号产品质量、质量管理和技术基础等方面取得了突出成绩，整体质量形势稳定且持续好转。

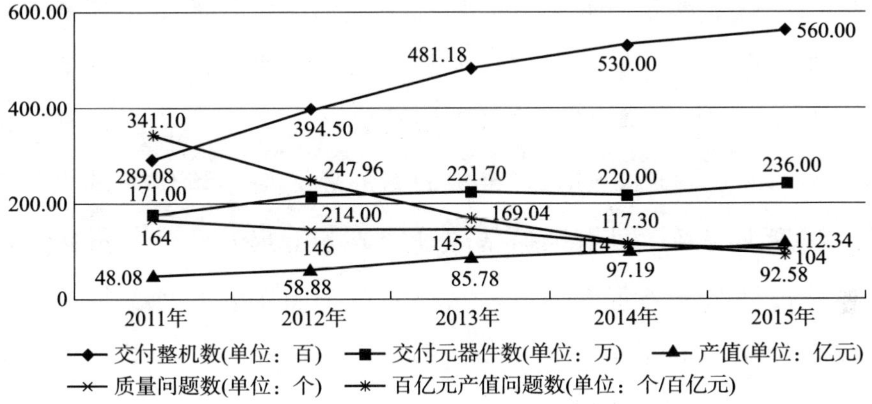


图 4－5　“十二五”交付产品数与质量问题数趋势图

（2）以操作为代表的质量问题改善明显

在 2014 年检查中发现，大部分操作问题都存在工艺方法不合理或工艺规程不细化，防误差手段不够的情况，均说明未建立有效的问题风险识别机制；低层次操作问题暴露出部分单位管理职责不明确、责任不落实、人员质量意识不强、工作疏忽大意；在静电防护、多余物控制、过程控制中未充分按照相关制度、标准、作业指导书、工艺文件等要求执行。为此，院不断深化和完善检查要求，检查提出开展人员岗位职责梳理，进一步明确了各级质量问题的人员考核追究范围，明确管理归零及质量考核责任和流程；完善质量体系文件，从职责、流程、工作要求及内容方面进一步细化，完善静电防护管理及程序文件，加强设计师系统对敏感器件的识别并要求落实，完善采购和外包环节静电防护控制要求并加强评审；在年度科研生产计划中需要覆盖风险管控相关内容并将工艺、标准化等纳入其中；加强多余物控制，建立质量控制规章制度，细化人员、环境等控制要求，严格执行工艺文件中有关规定，规范记录，保证过程可控、可追溯等控制措施。通过采取以上措施发现并排除操作等质量问题/隐患，各单位生产现场违规操作现象明显改善，2015 年与 2014 年相比，操作问题数下降了 26% (38/28)，实现了控制目标。

(3) 各级人员工艺纪律意识显著提升，现场管控能力逐步加强

院领导亲自带队深入一线开展工艺纪律检查，并通过型号工作会、科研生产责任人会、专题调度会和质量分析会等形式对发现的问题进行深入剖析和点评，对各单位产生了极大的触动。通过院工艺纪律检查的带动和辐射，各级人员的工艺纪律意识得到了显著提升，尤其厂（所）领导层认识到了工艺纪律对产品保证的重要性，通过各级领导深入一线进行工艺纪律检查，充分掌握了现场生产的真实情况，发现了惯有思维中的新问题，对本单位的过程管控重新进行了认识，深刻理解到了只有狠抓基础管控，才能提升产品质量保证能力的真正含义。各单位针对现场管控不足，从环境控制、定置管理、细化操作和记录要求、流程细化和设备管理等多方面、多角度规范管理，针对重点型号产品开展质量跟踪卡与工艺文件规范性、一致性检查，提高产品过程控制的严密性和产品质量的可追溯性，开展测试记录表格化研究，细化规范测试记录，大大提高了测试规范性，逐步提高了精细化管理水平。

(4) 推动了过程控制和其他管理过程持续改进

通过现场改善，全院按照中质协、科技集团现场管理星级评价标准有序推进星级现场建设，在全院范围开展星级现场的建设和申报工作，截至 2015 年年底，院 8 家单位的 16 个生产现场中，6 个荣获中质协五星级现场，9 个荣获四星级现场，1 个荣获三星级现场，同时在全院范围分享和交流部分星级试点单位好的经验做法，极大拓宽了各单位视野和思路，对各单位过程管控能力提升起到了积极的促进作用。

通过工艺纪律检查及时发现问题和隐患，成为变问题管理为预防管理的重要手段，由于问题的产生往往牵涉的范围不是单方面的，随着检查的深入，检查内容也渗透到科研生产、风险分析和质量分析各个层面。工艺纪律检查作为一个契机和抓手，在对整治现场问题起到了明显作用的同时，还提高了各单位综合管控能力。

在“六个导向”的推动下，全院通过上级支持和自筹等渠道共投入质量改进专项经费 28.32 亿元，开展军品专项技改、航天技术应用产业研发和科技创

新研发、质量与可靠性改进、工艺研究、标准化项目改进、研究开发、信息化专项改进等，有效提升了产业发展能力和质量管理能力；全院引进 3533 名各类高素质人员，新增院士 1 名，新增“千人计划专家”2 名、“万人计划专家”1 名、政府特殊津贴专家 11 名，新增 1 家国家级技能大师工作室，引进博士等优秀人才 166 名。实施了国拨重大专项及预研项目近 300 项，申请专利 1427 件，授权 651 件，获省部级以上科技奖 67 项；在以长征六号、长征十一号、长征七号首飞等为代表的宇航发射任务中取得良好成绩。

### 4.1.3　质量纪律管控创新点

（1）创新提出了领导发挥“领导作用”抓质量的具体方法和手段

“领导作用”是质量管理八项原则之一，GJB 9001 标准明确规定“最高管理者对最终产品质量和质量管理负责”，作为生产型企业的最高管理者，通过签署产品质量证明文件来履行对产品质量和质量管理负责的责任，但作为多级管理构架的集团式企业，研究院机关并不直接生产产品，而只是履行管理职能，在这类企业中领导者如何履行质量职责、管控最终产品质量在各行业中尚未形成明确的方法和有效的手段。作为航天科技集团大型科研生产联合体之一，院具有下属单位多、地域分散、专业覆盖广、用户范围广的特点，这些特点决定了院的管理难度大。随着近两年装备质量要求的不断提高，航天质量管理首先强调的就是各级责任的落实，院的质量纪律检查由院长亲自策划、部署、研究、组织实施，副院长、业务部门领导亲自检查，充分体现了领导职责的落实及履行质量职责的内涵。同时，在质量纪律检查方法的实施中，检查的对象也包含了各级领导，对于不同层面的领导来讲，他们既是被检查者也是检查的实施者，检查逐级传递，为各级领导落实质量职责提供了扎实方法。

（2）创新提出了多维度、全方位质量纪律的理念

提出了新时代具有我国原创特色的质量纪律概念，并创立了成体系的质量纪律管控理论。通过对全面质量管理和过程管理方法的系统集成，结合航天产品质量管控要求及生产实际，以质量纪律为抓手，将检查的对象从一线员工扩展到厂（所）领导、部门领导，将检查的内容从一线现场扩展到所有业务部

门、管理职责和流程，将检查的依据从工艺文件扩展到规章制度、体系文件和上级要求，将检查的地点从生产现场扩展到调试、试验各类现场及规划、人力资源、研制计划及市场等各部门，质量纪律检查做到了“纵向到底、横向到边”，既关注了产品也关注了管理，既关注了员工更抓住了领导，既暴露了个性问题更发现了系统问题，较之以往的各类检查具有不可替代的优势和特色。

（3）创新建立了上有牵引、下有支撑的多级管理特点的过程质量管理持续改进机制

建立了院、厂（所）、车间（部门）各级质量纪律检查管理机构，明确了各级人员职责，制定了覆盖院、厂（所）、车间（部门）等各级的工艺纪律检查办法、工作流程，并形成多级实施体系。院对厂（所）的检查在传统工艺纪律检查的基础上，突出在理念、机制、方法上的牵引，下级对上级在要素和要求上进行分解和细化，顶层构建起院级“六个导向”总模型，底层聚焦现场和具体过程，细化形成对现场和过程的精细化检查验证准则，形成模型和准则的“双金字塔”结构，保证了顶层牵引的广泛性和基层实施的深入性。

（4）创新建立了覆盖科研生产和产品保证全流程的监督检查模型

不同于二方审核关注采购产品实现过程和传统工艺纪律检查关注工艺秩序遵守情况，质量纪律检查建立了覆盖型号（产品）科研生产和过程管理全流程的广义检查模型，通过责任导向抓落实、问题导向抓改进、风险导向抓预防、过程导向抓量化实现对产品研制全过程的环绕式监督检查，通过目标导向抓提升、差异导向抓创新实现对产品和企业发展的拉动式监督检查，构建了以环绕式和拉动式相结合的产品实现全过程监督检查模型。

### 4.1.4　经济与社会效益

（1）经济效益

通过前两年质量纪律检查的实施（即 2014 年、2015 年共两年），全院 18 家单位的总产值、利润总额、对应质量问题数与 2013 年相比可以看出，在产值和利润大幅增加的同时，质量问题数快速下降，取得了良好的效果。具体数据见表 4－10。利用两年间质量问题的减少个数分段累积计算效益额增长值，

具体计算方法见式（4－1）。

**表 4－10　2013—2015 年经济指标及质量问题数**

| 类别＼年份 | 2013 年 | 2014 年 | 2015 年 |
|---|---|---|---|
| 总产值(亿元) | 86.0383 | 97.2327 | 112.2758 |
| 质量问题数(个) | 145 | 114 | 104 |
| 利润总额(亿元) | 7.55769 | 8.31698 | 9.61352 |

$$E_Q=\sum_{i=1}^{2}\{(F_i-F_{i-1})(M_{i-1}-M_i)P_i/C_i\} \tag{4-1}$$

式中　$E_Q$——以质量问题数变化表征的成果经济效益；

$F_i$——实施计算年度（$i=0$，1，2 分别表示 2013 年、2014 年、2015 年）每个质量问题数表征的产值；

$M_i$——实施计算年度质量问题数；

$P_i$——实施计算年度总利润；

$C_i$——实施计算年度总产值。

代入数值，可以得出通过实施管理 2015 年比 2013 年亿元产值问题数减少 0.76 次，累计效益额共增长 8832 万元。

（2）社会效益

院质量纪律检查实施三年来，在提升航天产品质量方面取得显著成效，实现了“单位全覆盖、问题全验证、整改全落实”，通过推进质量管理责任制的落实，强化了员工风险管理意识，推进检查机制的建立并不断发展完善，切实减少了产品质量问题，产品质量大幅提升，实现了三年目标。在此基础上不断自我完善，持续扩展应用领域，丰富完善理论内涵，提升了院整体产品保证水平，取得了可观的社会效益和经济效益，确保了以天宫一号、探月工程为代表的一批国家重点型号任务的成功，型号任务完成能力和生产过程管控水平跨上新台阶。

质量纪律管控理论在院的推广应用有效地推进了航天质量制度、标准、规范的落实，将型号质量管理与过程管理监督有机结合，提高了过程质量管理和监督的有效性，提升了管理水平和队伍能力，为保障航天产品质量以及航天工程任务的成功提供了有力支撑，为航天企业质量管理提供了良好的经验和借鉴，推动了我国航天产品的整体水平的提升。

质量纪律管控理论在研究过程中，以质量纪律检查为核心，形成了先进的质量监督模式和方法，建立了完善的质量纪律检查体系，推出了适合现代企业全面质量管理的监督管理模型，为各行业企业质量管理的持续改进和企业经营发展的拉动式牵引提供了可借鉴的研究成果和应用实例。

质量纪律管控理论的有效应用将规范化军工产品承制单位过程质量管理监督工作，发现过程质量控制中的问题和薄弱环节，同时，固化和总结、推广研究成果，将企业过程质量管理同型号质量工作有机结合，促进反映行业和型号质量管理特点的质量规章制度、标准规范有关要求的深入贯彻落实，推动单位过程质量管理自我完善和持续改进机制的建立，为军工行业和各类研究、制造企业提供了良好的应用范例。

## 4.2 理论固化与实际效能

院通过三年的实践，在实际工作中逐步摸索、探寻出一条适合自己质量管理的方法和经验。然而，对于任何一个组织的组成部分而言，大到单位、小到班组，都有自己的特点，如何才能实现大家都在统一的理论指导下，找到适合本组织的质量管理方法呢？院找到的途径是——标准化，即尽快将理论、模型、方法、流程、要素等核心内容，形成各级可用的标准。

### 4.2.1 辩证看待理论中不变与变的智慧

从本身来说，质量纪律就是质量控制和质量改进的体现，或者叫从控制理论到改进理论的综合体现。在一定的前提条件下，根据规定的要求来达到规定的效果，这就是不变，就是我们所谓的过程控制。

首先，每个节点控制，都是为了让大家按自己预期的事去做，达到预期的效果就是不变的控制理论，那什么叫变呢？社会在变，技术在变，人员在变，系统的求变是标准本身变与不变。

其次，院单位多，特点多。这套模式变的可以是产品，但不变的是模式，这种变和不变是相对的。对象可以变，但是技术管理的共性思路还是不变。换言之，时代特征在不断变化，形势任务在变化，不变的要求还是不变，所以面临不同层面的变与不变。任何理论都有一定的代表，一定的经验和特点，都是以模型存在，一种开放性的要求也是，即使我们相对落后了，我们可以再扩展，所以那也是变和不变，包括运用过程中是 1 条，还是 20 条、33 条、198 条，本身都是可裁剪可选择。

再次，可选择可有所特点，也是变与不变。技术在进步，社会在变化，人员在变化，计算在变化，我们不能老是不变，我们要系统地提升，就是变了。以后我们进行质量控制，到达一定境界，速度提升，就是质量改进，这就是核心的观点，变与不变。什么都变，体现了孔子的理论观点，体现了质量控制的思想。达到一定期限后的过程中，不管是质量纪律检查，还是技术的管理，让大家保持一致的工作，按策划的要求来工作，工作就是不变，受控就是不变。

### 4.2.2　利用标准实现理论固化

经过多年的实践，质量纪律管控理论基本成熟。然而对于院各单位来讲，最需要的是能够有一个持续开展质量纪律管控工作的依据，以推动理论应用、推动工作规范化开展。这就需要通过一个媒介来对理论加以固化、提炼并能够应用。因此，院利用标准化途径来实现这一目标。

（1）质量纪律检查工作深入开展需要标准

①质量纪律检查已取得成果需要及时固化

质量纪律检查工作在院已经实施了三年，不仅取得了显著的效果，工作本身也通过三次迭代、提升，形成了基本的理论核心、有效的工作机制、科学的工作方法和持续改进的能力。这些宝贵的经验结晶，迫切需要固化下来，并在后续的工作中长期坚持，以确保已经取得的良好效果得以保持。标准是固化这些成果最有效的形式。

②后续工作的开展需要标准

2017 年，院启动了新一轮质量纪律检查工作，彰显了院将这一举措长期坚持下去的决心。2017 年的检查方案一个显著的变化是共性要素与各单位个性要素有所区别，这一方面体现了工作的与时俱进，同时也体现了共性要素方面的逐步成熟。把这些成熟要素固化为标准则是为后续工作开展奠定稳定的基础，并为培养稳定的专家队伍提供技术支撑。

（2）当前工作中存在的不足需要标准来规范统一

①检查要素实现了三合一，但要素依然没有深度融合

目前质量纪律检查工作要素将工艺纪律检查、质量体系评估、科研生产评估等要素进行了映射，形成了三合一的检查项目，不仅有效提高了工作效率，也大大减轻了基层单位负担。但是仅仅通过建立映射关系并没有实现要素内容的深入融合，依然给检查与被查双方带来了不便，尤其是三方面要素有些存在重合、有些存在不适用、有些评价级别存在差异（如最终质量体系评估是 4 级，而科研生产评估是 5 级），迫切需要统一为在质量纪律检查下的要素，形成规范的标准要素，并进行模块化设置，使各类要素可以针对院自身特点和各单位实际适当裁剪，促进质量纪律检查要素更符合应用需要。

②质量纪律检查理论系统性还需要通过标准进一步完善

作为我国原创性的企业质量管控理论的探索，质量纪律检查的理论方法已经实现了有效应用，但后续配套的理论和方法还需要进一步完善。例如切实需要针对检查结果建立评价准则，提高检查对象自我改进的动力；针对检查要素建立统一的要素内容并给出评价规范，以利于检查组按照统一准则开展工作；针对检查对象的特点（系统级、单机级、元器件等）建立分类原则，采取不同的工作策略；针对院特点建立三合一要素的剪裁标准，以体现专业院的特点。这些方面都可以通过标准的形式对现有理论体系进行有效补充。

（3）型号产品标准体系（全过程管理）完善的迫切需求

院型号产品标准体系建设是按照产品研产全过程管理的思路，突出标准对产品研产的横向全流程牵引和对科研生产过程的纵向全方位保证，与质量纪律检查理念是相吻合的。而体系中对于产品研产过程的质量管控标准做出了规划，但还没有院级标准，质量纪律检查系列标准是标准体系全过程管理需求的重要项目。

（4）院在工艺纪律检查标准方面具备基础

院质量纪律检查已经具有多年的实践经验，并且成果已经获得中国质量协会专家的肯定，认为是我国质量管理的原创性经验固化总结，具有开拓性，并建议向集团类企业推广。建立全面的标准规范，是推广应用的必要前提。在工艺纪律检查技术层面，院具有开展院级标准制定的经验和基础，这些为质量纪律检查系列标准的制定提供了良好的前提和基础。

（5）形成并提升质量纪律检查标准是传播院品牌影响力的需求

尽快固化质量纪律检查经验为系列标准，并加快向行业、国家标准提升，对于扩大院品牌影响力、提升院在管理领域的软实力和核心竞争力具有战略价值。

### 4.2.3　形成标准的意义

形成标准，既是理论固化的过程，也是对实践进行总结再应用的优化，目的在于创建起以质量纪律检查为核心的过程质量监督模式和方法，从现场延伸到产品保证全流程，通过持续改进，提升产品质量和质量保证能力，逐步提高精细化管理水平，最终实现过程保证能力和产品实物质量的提升。

标准的实施将进一步解决现有工艺纪律检查在向更深入推进过程中新出现的要素不统一、评价少依据等问题，进一步丰富和完善质量纪律检查理论体系。

标准的制定，更好地固化了现有质量纪律检查的经验，提炼结晶，并在航天科技集团或更大范围内推广应用，促进我国原创型质量管理理论的孵化和应用。

质量纪律管控标准对院科研生产和质量管理效能提升起到了良好的促进作用：

1）从法规性而言，各级拥有了主动开展质量纪律检查的法规依据。

2）从指导性而言，明确了各级开展质量纪律检查的流程和方法，并且提供了开展工作的基本原则。

3）从对照性而言，明确了理论中三级要素，为检查提供参照，并且提供了三级要素的具体解释。

4）从包络性而言，标准最大限度地涵盖了各单位质量管理相关的其他工作，如各类评估要求等，从而大幅提高了质量管理日常工作的效率。

5）从持续改进性而言，通过在标准中明确对检查效果的评价和考核要求、方法以及目标，引导各级主动开展质量纪律检查工作，从意识层面、文化层面提高遵守质量纪律的自觉性。

在形成标准的过程中，注重了标准的通用性、创新性、理论性、可操作性和可扩展性，从而切实将质量纪律管控理论与实践需要紧密结合在一起，获得最佳的应用效果。具体而言体现在以下几个方面。

1）通用性：是以体系模式表述，适合集团—二级单位—三级单位—车间处室—班组等多级组织，普遍适用性强。

2）创新性：是航天领域中首次形成此类标准，尤其是在质量管理理论应用领域首次形成相关标准，具有良好的实践基础，并且是基于获得中国质量创新一等奖的项目，具有独创性。

3）理论性：是质量管理理论与实际结合的典型，是全面质量管理、过程管理等理论在实际应用领域的有效集成。

4）可操作性：明确了方法和流程，对于各级组织均能实际可操作。

5）可扩展性：标准本身为各级组织提供了剪裁和持续改进选择，同时为考核预留了余地。

### 4.2.4 形成持续改进机制

多年来，院逐步总结形成了四级质量管理持续改进机制（见图 4－6），分别为面向产品质量问题的质量问题归零，面向一个阶段发生的多起问题的质量分析，面向组织全过程管理的质量纪律检查，面向流程、制度、标准、规范的质量管理体系改进。基于这四个层面的改进构成了院质量管理持续改进的长效机制，四个层面的改进各有侧重。

（1）面向问题的质量问题归零

航天质量问题归零“双五条”标准是质量问题归零过程应遵守的原则，而

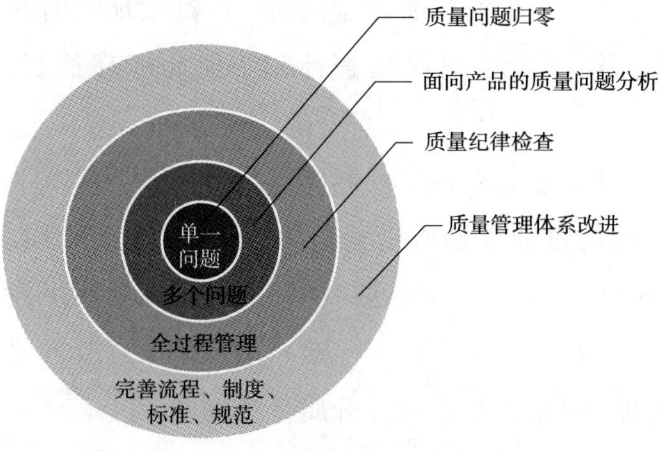


图 4-6　四级质量管理持续改进机制

就质量问题归零工作而言，开展技术归零主要是查找单一产品质量问题产生的原因，针对解决产品本身的问题而采取的措施，因此，开展技术归零的目的是针对问题产品采取纠正措施，完善产品质量保证措施，而在质量问题技术归零的基础上，要进一步开展管理归零，其目的是查找管理流程方面的漏洞和组织管理能力方面的不足，提高产品质量保证能力和组织管理能力。

（2）面向产品的质量问题分析

如果说单一质量问题归零可能存在较大的偶然因素的话，那么组织在一定时期内连续发生多起问题，就需要对这些问题进行系统分析，以查找共性问题和薄弱环节，针对这些共性问题和薄弱环节通过采取管理措施或技术攻关加以解决，从而提升组织的质量管理能力。

（3）质量纪律检查的改进

质量纪律检查是面向各单位全过程的检查，通过质量纪律检查发现的问题反映了各单位从企业发展到过程控制各个方面的问题，针对这些问题，院明确整改要求、对各单位的整改措施进行审查、对整改效果进行验证确认，这一层整改是就事论事地改，能够起到不发生重复性问题的作用。在此基础上，院将各单位的问题在全院范围内共享，每个单位针对其他单位的问题开展举一反三，起到预防管理的作用。同时，院为了不断优化质量纪律检查，每年都对质量纪律检查工作进行总结，查找在检查内容、检查方法、工作流程等方面的不足，并综合分析各单位发生的产品质量问题和检查发现的问题，识别单位的薄弱环节，制定下一年度质量纪律检查计划，如此循环往复，形成长效改进机制。

(4) 以质量管理体系为平台实现制度化、规范化

按照 GJB 9001 标准建立的质量管理体系是院质量管理的基础，也是不断提升全院质量保证能力的重要手段之一。而通过查找和解决各类问题能够发现单位的规章制度、体系文件中存在的问题和不足，通过改进这些文件，可以实现管理的规范化和制度化，并不断提升质量管理能力。

## 4.3 具体实践案例解析

按照质量纪律管控理论和质量纪律检查要求标准，院开展了新一轮的质量纪律检查工作，目前已经初步完成了相关应用实践。按照新的 6＋$N$、分类实施的理念，选取了三种不同类型的单位实践和整改案例进行分析，来推动理论在未来更好地应用。

### 4.3.1 飞鸿公司案例解析

#### 4.3.1.1 概述

2018 年 5 月，由院长亲自带队，有关领导和专家组成检查组对院飞鸿公司开展了院级质量纪律检查工作。检查组共发现 32 项问题并提出了 18 项建议。根据院下发的《关于对飞鸿公司质量纪律检查发现问题反馈及开展整改工作的通知》要求，飞鸿公司组织召开了专题质量分析会，并要求各部门、各党支部会后深入学习会议精神，正视管理中的不足，明确改进方向，由责任部门进行逐条梳理、分析，逐条落实责任，深入开展本部门的质量纪律检查的整改及举一反三工作。

#### 4.3.1.2 发现问题情况

本次院质量纪律检查以《院 2018 年质量纪律检查工作策划》中提出的“六个导向二十要素”＋“$N$”为重点检查内容，结合飞鸿公司科研生产管理

特点开展。检查组共提出问题项 32 项和建议项 18 项，其中责任导向有 3 项问题，占比 9.38%；风险导向和过程导向各有 11 项问题，各占比 34.38%；问题导向有 4 项问题，占比 12.50%；差异导向有 1 项问题，占比 3.13%；问题项分布统计见表 4-11。

通过对这些问题的梳理和分类，发现风险导向和过程导向两个一级要素是飞鸿公司在科研生产管理过程中的薄弱环节，共有 22 项问题，占比 68.76%，飞鸿公司在后续的科研生产过程中需要在这两个方面加大管理力度。

### 4.3.1.3　发现问题的原因分析

通过对这些问题产生的原因进行分析，从规章制度、监督落实、管理策划、风险风控等四方面对 32 项问题进行分类，其中规章制度不完善问题 12 项、监督落实不到位问题 14 项、管理策划不细化问题 5 项、风险防控不全面问题 1 项，如图 4-7 所示。

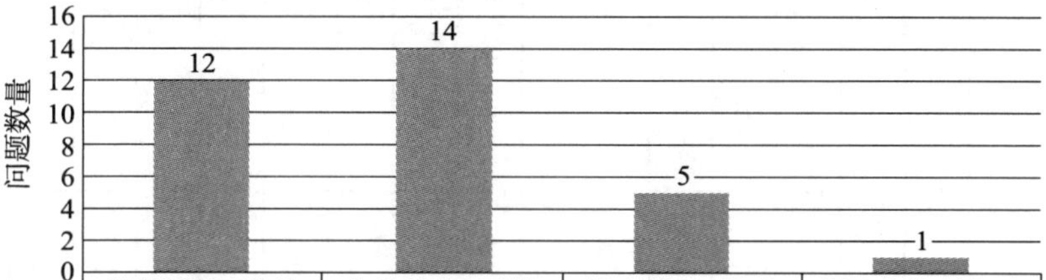


| | 规章制度不完善 | 监督落实不到位 | 管理策划不细化 | 风险防控不全面 |
|---|---|---|---|---|
| 系列1 | 12 | 14 | 5 | 1 |

图 4-7　问题分类汇总

(1) 规章制度不完善

本次检查暴露出规章制度不完善的问题有 12 项，占比 37.50%。涉及修订管理制度 8 份，其中程序文件 2 份，作业文件 2 份，管理办法 4 份；需制定管理制度 6 份，其中作业文件 5 份，管理办法 1 份。主要是针对专项业务更细化的管理制度较为欠缺，尤其随着型号任务的发展，新要求没有及时落实到文件中形成制度，例如“程序文件《标准化管理办法》中的所级标准制修订管理要求太笼统，未制定所级技术标准规范”等，也未按照院要求建立所级《质量纪律检查要求》《科研生产供应商管理办法》。部分部门也存在未能及时根据业务需要完善程序文件、作业文件及时落实到文件中形成制度的情况，例如“新版

**表 4－11　质量纪律检查问题及建议项分布统计**

| 序号 | 一级要素 | 二级重点要素 | 问题数量 | | 类别占比 | | 问题总数 | | 问题占比 | |
|---|---|---|---|---|---|---|---|---|---|---|
| | | | 问题项 | 建议项 | 问题项 | 建议项 | 问题项 | 建议项 | 问题项 | 建议项 |
| 1 | 责任导向 | 质量管理体系运行 | 2 | 0 | 6.25% | 0.00% | 3 | 1 | 9.38% | 5.56% |
| 2 | | 全员质量培训 | 1 | 1 | 3.13% | 5.56% | | | | |
| 3 | 风险导向 | 风险识别与管控 | 3 | 2 | 9.38% | 11.11% | 11 | 7 | 34.38% | 38.89% |
| 4 | | 产品保证推进 | 0 | 1 | 0.00% | 5.56% | | | | |
| 5 | | 产品外包管理 | 3 | 2 | 9.38% | 11.11% | | | | |
| 6 | | 物资管理 | 4 | 1 | 12.50% | 5.56% | | | | |
| 7 | | 质量与可靠性管理 | 1 | 1 | 3.13% | 5.56% | | | | |
| 8 | 过程导向 | 型号工艺管理 | 3 | 2 | 9.38% | 11.11% | 11 | 3 | 34.38% | 16.67% |
| 9 | | 标准化管理 | 2 | 0 | 6.25% | 0.00% | | | | |
| 10 | | 关键过程和特殊过程 | 3 | 0 | 9.38% | 0.00% | | | | |
| 11 | | 技术状态控制 | 2 | 0 | 6.25% | 0.00% | | | | |
| 12 | | 环境与多余物控制 | 0 | 0 | 0.00% | 0.00% | | | | |
| 13 | | 产品检验与验收 | 1 | 1 | 3.13% | 5.56% | | | | |
| 14 | 问题导向 | 质量分析与归零管理 | 1 | 1 | 3.13% | 5.56% | 4 | 2 | 12.50% | 11.11% |
| 15 | | 两重一共管理 | 1 | 0 | 3.13% | 0.00% | | | | |
| 16 | | 质量纪律检查整改 | 2 | 1 | 6.25% | 5.56% | | | | |
| 17 | 目标导向 | 制造模式转型升级 | 0 | 1 | 0.00% | 5.56% | 0 | 1 | 0.00% | 5.56% |

**续表**

| 序号 | 一级要素 | 二级重点要素 | 问题数量 | | 类别占比 | | 问题总数 | | 问题占比 | |
|---|---|---|---|---|---|---|---|---|---|---|
| | | | 问题项 | 建议项 | 问题项 | 建议项 | 问题项 | 建议项 | 问题项 | 建议项 |
| 18 | 差异导向 | 产品工程建设 | 1 | 1 | 3.13% | 5.56% | 1 | 2 | 3.13% | 11.11% |
| 19 | | 质量管理差异化 | 0 | 1 | 0.00% | 5.56% | | | | |
| 20 | N | 新 28 条要求策划与实施 | 1 | 0 | 3.13% | 0.00% | 1 | 0 | 3.13% | 0.00% |
| 21 | | “三再”工程推进 | 1 | 2 | 3.13% | 11.11% | 1 | 2 | 3.13% | 11.11% |
| 22 | 总计 | | 32 | 18 | 100.00% | 100.00% | 32 | 18 | 100.00% | 100.00% |

质量体系的《管理评审程序》和《外包过程控制程序》虽然经过了所级评审，但部分内容未完成覆盖 GJB 9001C 及 QJ178、179、180 的相关内容，应予以完善”等。飞鸿公司作为院年轻的总体单位，需要根据自身发展需求和型号任务产品特点，系统融合航天、航空的管理特色，逐步完善规章制度体系，以确保体系文件与实际相统一，提升规章制度的可执行性。

（2）监督落实不到位

本次检查暴露出监督落实不到位的问题有 14 项，占比 43.75％。主要表现在规章制度中有明确要求，但在落实过程中执行不规范，监督检查不到位。例如“制定了《飞鸿公司型号技术风险管理办法》（科字〔2017〕16 号），识别了综合技术风险，但未按要求开展型号产品的技术风险分析。”暴露出人员在执行和落实制度标准时存在差距，特别是管理监督考核未落实。飞鸿公司当前科研任务繁重，人员忙于科研型号工作，对新员工的制度方面的基础培训不够，导致相关管理人员对规章制度、标准的掌握和规范执行方面存在差距；同时业务部门监管力度不足或虽已发现问题，但却习以为常，不能将体系文件要求和管理制度有效运用到实际工作中，导致相关标准贯彻执行不到位，造成有章不循。

（3）管理策划不细化

本次检查暴露出管理策划不细化的问题有 5 项，占比 15.63％。主要表现在业务主管部门在策划具体工作时考虑不周，造成策划不详细，缺少部分工作事项，可操作性不强。例如“2018 年质量纪律检查策划中缺少检查发现的部门级问题的整改要求”“新 28 条实施方案中未包含‘工艺管理’‘不合格品管理’的相关内容，且现有制度中也未包含上述 2 个条款集团的新要求，应予以完善，并结合质量体系换版纳入体系文件中”，均暴露出个别员工在开展工作策划时考虑不周，领导把关不严，造成管理工作未覆盖全年的工作内容，不能达到全面指导业务和科研工作的目的。

（4）风险防控不全面

本次检查暴露出风险防控不全面的问题有 1 项，占比 3.13％。主要表现在科研生产风险分析报告中对风险事项描述不清晰，风险识别不全面。例如

“2018 年型号产品科研生产风险分析报告、策划报告，风险识别不全面，无风险等级评判、风险处置预案，应按院要求从飞试、交付两个维度逐一梳理风险问题”。相关人员对科研生产风险管理制度的要求理解得不够深入，科研生产风险管理过程管控措施实施力度较弱，对风险管理的过程管控不严、不细，未按要求开展科研生产风险分析和管理工作，识别出的风险未明确风险等级，未按院要求的方式开展工作。

#### 4.3.1.4　制定系统整改方案情况

本次整改工作由公司主要领导亲自主抓，各业务主管领导分别负责，有序推进整改工作，使本次整改成为飞鸿公司管理能力提升的重要契机。通过召开专题分析讨论会的方式提高员工对质量纪律检查的认识，通过讨论使员工认识到现阶段面临的严峻质量形势及在科研生产管理、质量管理工作方面存在的不足，通过对问题认真地分析讨论，制定了系统性的整改方案，主要从以下四个方面做好整改工作。

（1）完善制度体系建设，确保各项工作规范开展

通过本次质量纪律检查发现问题，结合质量管理体系换版工作，要求各部门对照上级要求及工作实际，系统梳理现有制度体系，查缺补漏，形成规章制度制修订清单（详见表 4－12），明确各类制度的责任部门、责任人，并在实施过程中进行监督检查及考核管理，进一步完善制度体系建设。制修订过程严格按照“因地制宜”，坚持“本土化”的原则，做到制度与实际工作相统一，推动制度落地，提升规章制度的可执行性。

**表 4－12　制修订管理制度汇总**

| 序号 | 文件名称 | 制度类型 | 制订/修订 | 责任部门 | 备注 |
|---|---|---|---|---|---|
| 1 | 管理评审程序 | 程序文件 | 修订 | 质量技术处 | |
| 2 | 外包过程控制程序 | 程序文件 | 修订 | 科研生产处 | |
| 3 | 技术状态控制管理规定 | 作业文件 | 修订 | 科研生产处 | |
| 4 | 标准化管理办法 | 作业文件 | 修订 | 质量技术处 | |
| 5 | 特殊过程控制办法 | 作业文件 | 制订 | 质量技术处 | |
| 6 | 质量纪律检查要求 | 作业文件 | 制订 | 质量技术处 | |

**续表**

| 序号 | 文件名称 | 制度类型 | 制订/修订 | 责任部门 | 备注 |
|---|---|---|---|---|---|
| 7 | 型谱产品选用指南 | 作业文件 | 制订 | 科研生产处 | |
| 8 | 竞标类研制管理办法 | 作业文件 | 制订 | 质量技术处 | |
| 9 | 军贸类研制管理办法 | 作业文件 | 制订 | 质量技术处 | |
| 10 | 型号技术风险管理办法 | 管理办法 | 修订 | 科研生产处 | |
| 11 | 科研生产供应商管理办法 | 管理办法 | 制订 | 科研生产处 | |
| 12 | 型号元器件选用与评审管理办法 | 管理办法 | 修订 | 科研生产处 | |
| 13 | 物资管理办法 | 管理办法 | 修订 | 科研生产处 | |
| 14 | 两重一共问题管理办法 | 管理办法 | 修订 | 科研生产处 | |

（2）强化监督检查，确保各类制度落实到位

坚持落实“制度谁制定，执行谁监督，落实谁检查”的原则，建立健全制度执行落实的监督检查机制，通过持续开展各级质量纪律检查，不断增强全员接受监督的自觉性，把各级管理的责任落实到位，以型号为切入点，有针对性地开展检查，严格过程控制、落实操作规范，充分发挥质量纪律检查的抓手作用，不断提高质量纪律检查效果，确保各项制度真正执行到位，落到实处，发挥实效。

（3）以型号为中心，强化工艺管理，确保产品质量

进一步完善工艺工作组织机构，推进两级工艺工作模式，区分工艺管理与工艺技术，系统梳理、识别各型号的工艺方法、关键工序、特殊过程等重点控制环节，分别形成所级工艺方法目录、各型号的关键工序明细表及特殊过程汇总表，结合型号特点，制定管理要求，并传递到相关单位，切实做到工艺服务于型号，系统提升公司的工艺保证能力及管理水平。

（4）加强科研生产风险管理，确保科研生产风险受控

科研生产风险管理坚持目标导向，落实风险导向，以风险管控和提前预防为目标，梳理科研生产中的薄弱环节，查找典型案例，对案例进行分析，不断总结科研生产风险管理工作经验，逐步建立风险因素库，并实施动态管理，建立具有无人机产业特色的风险管控体系，提升风险识别分析和处置能力，落实科研生产风险管理专项计划，促进风险防范水平的提升。

#### 4.3.1.5　发现问题的整改实施情况

质量纪律检查整改工作将采取部门自查、质量技术处复查、公司领导抽查的方式进行，质量技术处将按照整改计划，坚持“重视程度不放松、检查目标不放松、问题整改不放松、考核力度不放松”的原则开展监督考核工作。在复查过程中发现不按整改方案落实或落实不到位的将依据《院飞鸿公司质量工作违规违纪行为考核办法》对责任人进行处罚。

#### 4.3.1.6　对发现问题的自我验证和持续改进情况

本次院级质量纪律检查，是暴露公司科研生产过程中的薄弱环节的重要契机，各责任部门针对发现问题，进行梳理、分析、深入挖掘，对同类问题进行举一反三，做到以点带面，在整改问题的基础上，建章立制，提升管理能力，不断促进产品质量保证能力和现场管理水平的提升。

#### 4.3.1.7　条件保障及到位情况

本次院级质量纪律检查是系统提升公司管理能力的重要契机，公司领导高度重视，在专题质量分析会中多次强调，各责任部门领导要高度重视本次整改工作，安排好整改责任人，并将整改工作纳入部门月度工作要点，严格按照质量纪律检查整改计划进行考核，确保整改措施有效落实。

### 4.3.2　北京航天控制仪器研究所案例解析

#### 4.3.2.1　概述

院 15 人检查组按照“围绕六个导向，聚焦重点要素，以产品为主线，关注系统提升”的思路，以“六导向二十要素”＋“6”项内容为检查重点，对北京航天控制仪器研究所开展了质量纪律检查和打分评价。

所厂就“2018 年质量纪律检查工作策划、型号产品科研生产风险分析、产品保证工作策划及实施方案、质量精细化管理要求策划实施方案及工作计划、产品外包质量提升及供应商管理体系建设实施工作进展情况”进行了汇报。

检查组结合汇报情况与领导班子就各项专题工作开展情况、质量责任制落实和工作重点进行了座谈和讨论。检查期间，针对石英表超差问题，组织召开了“加速度计通道零位输出超差问题”和石英加速度计事业部专题质量分析会，会议对质量问题归零措施和后续事业部质量工作重点进行了讨论，提出了针对性工作方案和具体措施。

经过对标检查，审查组共提出了 43 项整改项、12 项建议项。同时就所厂风险识别管控、新 28 条分解落实和质量纪律检查工作提出了意见和建议。

#### 4.3.2.2　发现问题情况

对本次检查发现的问题进行统计分类，按原因分类如图 4－8 所示，按导向分类如图 4－9 所示，按检查要求细分如图 4－10 所示。

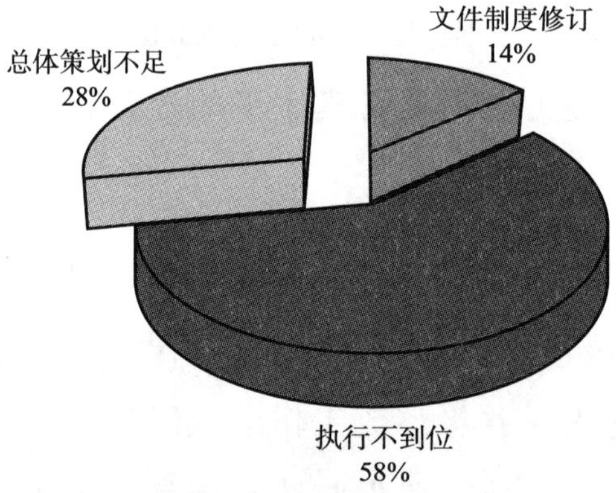


图 4－8　按原因分类问题

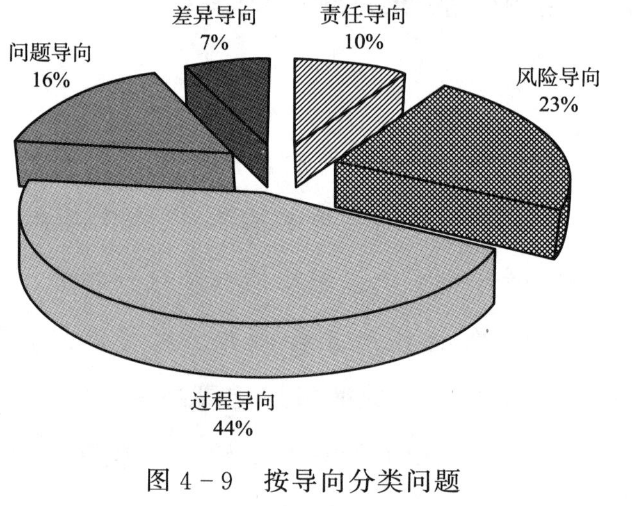


图 4－9　按导向分类问题

由上述统计可见，按不同维度统计，执行不到位占比高，过程导向问题

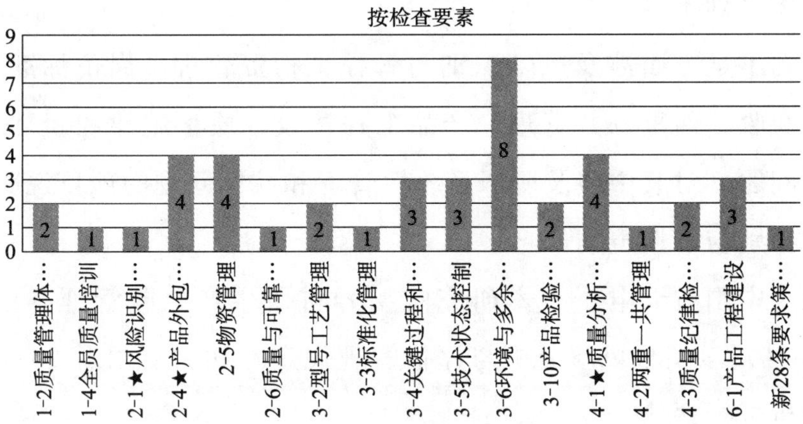


图 4-10　按检查要求分类问题

多，环境与多余物控制问题居多。

### 4.3.2.3　发现问题的原因分析

（1）文件制度待修订

由上述统计可见，文件制度待修订 6 项，其中存在与上级要求不协调的情况，如供方评价未明确年度节点，管理评审尚未按新标准纳入风险管理，物资供应商的名录控制问题；也存在在实际工作中要求不细，不好操作的问题，如缺乏对供应商目录选用的控制要求，工艺文件签署职责不细致，部门级管理归零报告未明确监督代表签署要求等。

（2）执行不到位

对执行不到位的问题进行深入分析，25 项问题中有 10 项问题发生在型号研制管理机关，15 项发生在生产现场。存在生产现场工艺纪律不细、不严，工作不到位的情况，如温湿度记录不完整、质量跟踪卡记录不完整、转接盒超期未校验、洁净台检定未标识有效期等；过程监督不到位，有效性差的问题，如质量问题归零闭环监督检查问题、部门质量分析报告有效性差、静电区域划分不合理、生产过程记录批次标识不正确等。

对按检查要素分类占比最高的环境与多余物控制进行逐一确认，其中 8 项问题均为执行不到位，在提升人员意识能力的同时仍需强化部门和管理机关的监督与管控。

(3) 总体策划不足

总体策划不足方面涉及风险识别与管控、物资管理、岗位标准目录建设、产品检验和验收、两重一共管理、产品工程建设、质量纪律和新 28 条策划与实施等方面问题。对其中涉及所厂系统性管理和共性问题的项目说明如下。

①风险识别与管控不到位

未按照《中国航天电子技术研究院型号科研生产风险管理办法》(院科〔2016〕495 号)、《型号风险分析与评估管理规定》相关要求对 2017 年度科研生产风险分析进行评估。

2018 年型号科研生产风险管理工作的策划不系统，各型号对风险事项识别标准没有统一，未严格对标风险因素库的风险事项开展不同层级的风险事项识别，其中武器型号识别颗粒度较粗。

2018 年度制定的风险管控措施没有明确责任人、责任部门和工作计划，风险管控的责任制落实不明确。

科研生产型号风险过程评估未严格对标 2018 年风险管控方案，未定期对过程管控进行评估和总结。

②物资管理推进力度不够

物资管理工作方面，北京航天控制仪器研究所存在对“采购信息数据库建设”“元器件自主可控”等工作重视程度不高、推进力度不够、协调组织不到位的情况，导致相关工作要求贯彻落实不彻底、推进速度较慢。

在航天科技集团采购信息数据库建设工作的推进过程中，北京航天控制仪器研究所对上级机关相关工作要求理解不到位、对所属部门和下属单位协调组织不到位，导致数据库建设工作滞后。在推进元器件自主可控工作过程中，部分横向军品型号、地面设备等选用进口元器件较多，航天重点型号也有选用进口元器件的情况，并且在后续推进进口元器件国产化替代研制方面力度不够，影响元器件自主可控工作的全面推进。

③产品检验与验收标准不规范

对检验独立行使职权在制度上落实的认识不到位，《检验模式调整方案》中仅规定“过程检验人员双月考核由检验室和业务所在部门双重考评”，但未明确具体的考评标准和要求。

④产品工程建设策划不细致

在 2018 年型号产品化策划过程中，产品化工作仅以表格形式下达专题计划，未按照产品化管理中的队伍建设、规章制度建设、产品型谱建设、产品成熟度提升、“十三五”可靠性增长课题申报等内容分别制定相应的专题工作计划，从而形成型号产品化工作的系统性策划。

对产品化队伍建设重视不够，未对产品化队伍制定技能和管理水平提升的专题培训计划。

#### 4.3.2.4　制定系统整改方案情况

(1) 认清问题，落实责任

所长主持召开质量纪律检查专题整改布置会，按照工作谁主管、整改谁负责的原则，明确由各项业务主管所领导牵头开展质量纪律整改工作，会议针对本次院质量纪律检查提出的问题和后续质量纪律检查工作推进进行了专题布置。

所领导办公会审议了质量纪律检查的初步整改方案，同时就此次检查中暴露的技术状态管控、外包管控、风险识别与控制、过程检验、质量信息报送、28 条再策划和后续质量纪律检查等问题进行了专项布置。

所厂组织召开责任人会，就所厂此次质量纪律检查出现的问题进行了通报，同时就后续具体整改工作明确了具体要求。

所厂组织召开院质量纪律检查问题整改布置会，各部门对检查发现的问题分别汇报了整改思路和整改方案，对各部门汇报的内容逐项进行了审查和讨论，进一步明确了责任分工和整改要求，并按计划节点形成部门整改报告。

所厂组织召开了质量纪律检查工艺问题梳理分析及举一反三工作布置会。各相关部门针对本次院质量纪律检查过程中发现的 14 项工艺相关问题，逐项进行了原因分析及整改方案的汇报。对问题发生的深层次原因和带来的影响进行了深入剖析，并明确了各项举一反三要求。

所厂就技术状态专项质量纪律检查进行了专题策划，开展专题现场检查。同时所厂领导班子对后续带队质量纪律检查进行了再策划。

（2）分析原因，立行立改

1）针对本次质量纪律检查提出的43项整改问题和12项建议项，由归口管理部门组织对发现的问题进行了深入的原因分析、制定纠正措施，针对需要举一反三的问题明确了举一反三工作内容和责任部门。所厂对55项质量问题进行了分类处理，其中操作问题能够立行立改的22项，于6月底完成整改；因策划不足导致工作开展不满足要求的5项，制定了专题计划；执行不到位问题14项，修订完善规章制度19项。

2）补充制定所厂质量纪律现场检查计划安排，由所领导带队，6月完成所厂二季度质量纪律检查。结合研制管理现状，在全面覆盖部门开展质量纪律现场检查的同时，增加技术状态专项检查。截至6月22日，上述检查均已完成。

3）对质量纪律检查问题按期在《质量管理专刊》曝光台发布，结合质量纪律检查识别研制管理的共性问题和薄弱环节，开展专项原因分析和专项策划与治理。

（3）共性问题专项整改

针对本次院级质量纪律检查中存在的具有共性或系统性的问题形成专项整改如下。

①风险识别与管控

按照《中国航天电子技术研究院型号科研生产风险管理办法》（院科〔2016〕495号）、Q/DdZ9001.12-01—2018《型号风险分析与评估管理规定》的相关要求，科研生产处6月30日前补充完成《2017年度科研生产风险评估报告》的编制，并报主管所领导审查。

对标风险因素库，结合本单位实际情况和所承担的型号任务研制生产阶段，各型号从技术风险、质量保证风险、计划调度风险、物资保障风险、人力资源风险、市场与资金风险等8个方面进行风险识别，制定针对性管控措施，同时明确责任部门、责任人及计划完成时间，6月30日前制定《2018年北京航天控制仪器研究所型号科研生产风险识别管控方案》，并以红头文件形式下达至各责任人。

型号过程风险评估方面，每季度科研生产总结中增加风险管控执行情况的专题内容，对标检查风险识别管控方案的执行情况，并对下一阶段的管控措施进行迭代改进。

②物资管理

针对物资管理工作协调推进不到位的情况，策划开展专项整改，具体整改工作计划如下。

a. 进口元器件自主可控工作

1）组织开展北京航天控制仪器研究所型号进口元器件选用情况的统计，完成《型号进口元器件选用统计分析报告》，系统梳理北京航天控制仪器研究所进口元器件选用情况。目前报告已经完成，经过系统梳理，北京航天控制仪器研究所使用的进口元器件 1538 种，但大部分是横向项目、地面设备或定型型号使用，目前在研的三浮重点型号使用进口元器件 20 种。

2）结合后续进口元器件使用需求、国内相关元器件厂家研制进展等，修订北京航天控制仪器研究所《元器件自主可控工作方案》，通过采取加严进口元器件设计选用评审控制、推进进口元器件国产化替代研制等措施，推进北京航天控制仪器研究所元器件自主可控工作。《元器件自主可控工作方案》计划 2018 年 7 月底前完成，后续按照方案持续推进相关工作，提高北京航天控制仪器研究所元器件自主可控工作管理水平。

b. 采购信息数据库建设工作

1）明确北京航天控制仪器研究所采购信息数据库建设工作的归口管理部门、各业务模块主管部门的职责和责任人。2018 年 6 月初，北京航天控制仪器研究所已经印发《关于成立北京航天控制仪器研究所本级采购管理提升工作领导小组和工作组的通知》，明确相关部门和人员的职责，并在所厂内部进行宣贯。

2）适时召开动员会，组织相关部门和人员认真学习航天科技集团通知要求，充分认识采购信息数据库建设工作的重要性，推进采购信息数据库建设工作的开展。2018 年 6 月初，北京航天控制仪器研究所主管领导组织相关部门召开工作推进会，会上再次传达了航天科技集团采购信息数据库建设工作的重要意义和要求，并宣读了《关于成立北京航天控制仪器研究所本级采购管理提升工作领导小组和工作组的通知》，同时对各部门和下属单位数据库建设工作进展进行了通报。

3）业务主管部门定期组织相关部门集中开展采购信息数据填报，并将相关数据报送情况纳入日常监督检查范围，定期对相关部门采购信息数据库建设情况进行通报，督促各相关部门按照要求开展建设相关工作。自 2018 年 3 月起，每月下旬由物资处定期发布数据库建设工作通知，督促相关部门开展信息上报，并在 6 月初召开的工作推进会上对各部门建设工作进展进行了通报。后续物资处将持续开展督促和协调，促进采购信息数据库建设的有序开展。

③产品检验与验收

1）修订《检验模式调整方案》，明确“过程检验人员双月考核由检验室和业务所在部门双重考评，其中检验工作由检验室负责考评，并按照《检验人员履职评测制度》具体实施”。

2）执行修订后的《检验模式调整方案》及二级管理制度《检验人员履职评测制度》。对检验岗位人员履职情况进行客观记录、建立档案，用于检验岗位人员履职评价和检验岗位胜任评测。

3）以工作质量为主线，每双月 20 日前从检验岗位自我评测，顾客评测，错、漏检等检验问题评测和业务能力评测四维度监督检查和评分，开展检验履职评测和奖惩工作。四维评测分值按双月记入检验员档案，检验室每半年进行分值统计，并根据分值实施“检验放心岗”及“免除检验岗”等奖励、处罚条目。通过上述评测体系，确保检验岗位独立行使职权、规范履职。

《检验模式调整方案》《检验人员履职评测制度》的修订工作已分别在大兴工业区、永丰工业区、永定路工业区召开了三场检验体系运行及考核宣贯会，向全体检验员进行了培训宣贯。按照修订后的制度执行，已形成年度检验岗位月份四维评测表和检验员档案。

④工艺过程管控

a. 开展工艺专项检查、职责及工作流程梳理

1）组织相关工艺专家针对各生产部门开展工艺文件的现行有效性、工艺文件控制、工艺技术状态控制、工艺职责的落实情况以及工艺要求执行情况的

专项检查，确保生产过程严格按工艺要求及各项规章制度执行，提升工艺工作的有效性。

2）梳理型号工艺师队伍，明确各级工艺师岗位职责并推进责任落实，加强型号工艺师队伍履职问责，并进行动态调整。8 月 30 日前下发队伍名单和职责要求。

3）开展工艺工作各项流程梳理工作，重点梳理型号工艺工作计划下达、型号工艺管理、工艺文件签署、工艺技术状态控制等 9 个重点工艺工作流程。

b. 开展工艺文件梳理

1）完成三浮型号工艺文件梳理，细化量化，检查工艺文件正确性符合性、检验点设置的合理性，以及文实一致性，提升工艺文件的可操作性。

2）梳理完善三浮产品、静压液浮产品工艺关键过程，检查关键工序控制的要求，确保工艺方法、使用设备、检验要求明确且具备可操作性。

3）全面识别梳理三浮产品、静压液浮产品特殊过程项目、相关控制要求及执行依据，确保特殊过程识别清楚、确认完备、控制有效。

4）提前完成三浮产品、静压液浮产品外协工序的工艺控制要求、检验要求、外协技术协议等信息梳理，确保型号产品外协工序工艺质量控制有效。

5）组织各生产部门对照 QDdZ 9001.15－02《强制检验点实施管理规定》中“强制检验点检测记录表”格式要求完善型号产品质量跟踪卡，确保满足规定要求，同时各生产部门对《强制检验点实施管理规定》开展培训，确保按照文件要求执行强制检验点的记录及管理工作。

c. 开展静电防护过程梳理

依据 QDd 118 — 2015《静电防护管理手册》各项程序及要求，完成对生产部门静电防护区域梳理确认，检查是否按要求对静电防护区域进行管理并纳入静电防护体系管理。

⑤产品工程建设

系统梳理型号产品化各项工作计划，科研生产处形成《北京航天控制仪器研究所 2018 年产品化策划方案》，主要从典型元件产品化（五院宇航电机、三浮陀螺加速度计磁悬浮电路板）、产品定型与成熟度提升（石英加速度计 5 级成熟度定型)、武器型号产品型谱简表修订、“十三五”可靠性增长项目(无刷直流电机、运载用石英挠性加速度计)等方面进行开展,《北京航天控制仪器研究所2018年产品化策划方案》中明确各项工作的完成形式、责任部门及完成时间。

科研生产处邀请产品化工作专家,组织对产品化队伍进行1次专题培训,组织专家对产品化工作中常见问题进行答疑。

本次院级质量纪律检查,充分暴露了所厂在型号产品研制管理过程中存在策划不足、制度不完善、监督不到位等多项不足,所厂将以此为契机,聚焦重点、抓共性问题和闭环监督,以质量纪律检查为抓手,全面促进产品质量提升。

## 4.3.3 北京光华无线电厂案例解析

### 4.3.3.1 概述

院专家组对北京光华无线电厂进行了院级质量纪律检查工作。本次检查采取了现场检查与座谈相结合的方式,重点检查院《质量纪律检查要求》(Q/kx－G－20－009)和院《2018年质量纪律检查工作策划》中的“六导向二十要素”＋“5”的检查重点,共检查问题项30项,建议项26项。

会上,针对厂一季度多发的质量问题检查组指出:加强生产过程管控,减少低层次质量问题发生;针对外协外购(包括非厂采购器材)问题要加强供应商管理。全面开展质量纪律检查工作,让每一名员工真正做到“崇尚细致、学会细致、落实细致”,针对一季度质量问题多发的形势,严肃认真开展质量分析,宣贯各项规章制度,强化工作流程,严格对标,落实“新28条”各项质量管理要求。

会后,厂领导和相关部门召开了专题讨论会,布置后续工作,开展整改工作策划,明确提出要紧密围绕院总体质量管理思路,切实落实检查中提出的各项整改意见,不断强化干部员工的质量意识和质量责任,针对系统性问题查找深层次原因并开展举一反三,强化防静电体系建设,深入推进各项工作落实,确保全年科研生产任务顺利完成。

### 4.3.3.2　发现问题情况

(1) 问题统计

本次院质量纪律检查共计提出问题项 30 项，建议项 28 项，共涉及 10 个部门。

为全面落实院质量纪律检查整改项、建议项，深入解决系统性问题，厂开展整改工作整体策划，针对检查发现的问题进行责任分解，确定责任部门，明确整改工作要求、节点时间，从管理源头深挖一锹，真正实现问题的纠正和举一反三，各部门问题情况见表 4-13。

**表 4-13　2018 年质量纪律检查问题与建议统计**

| 问题/建议<br>单位 | 问题 | 建议 | 总计 |
|---|---|---|---|
| 技术处 | 11 | 6 | 17 |
| 质量处 | 7 | 8 | 15 |
| 生产处 | 3 | 6 | 9 |
| 人事处 | 1 | 2 | 3 |
| 标准计量室 | 3 | 0 | 3 |
| 企管处 | 1 | 2 | 3 |
| 物资处 | 1 | 2 | 3 |
| 14 车间 | 1 | 1 | 2 |
| 安保处 | 2 | 0 | 2 |
| 档案室 | 0 | 1 | 1 |
| 合　计 | 30 | 28 | 58 |

(2) 导致问题要素统计分析

通过开展导致问题要素分析，厂 30 项问题中主要是风险导向和过程导向要素问题，分别占比 30.0%、36.7%。具体见表 4-14 和图 4-11。

**表 4-14　2018 年质量纪律检查问题项统计分析**

| 要素<br>责任单位 | 责任导向 | 风险导向 | 过程导向 | 问题导向 | 目标导向 | 差异导向 | 新“28”条 | 供应商体系 | 总计 |
|---|---|---|---|---|---|---|---|---|---|
| | 问题 | 问题 | 问题 | 问题 | 问题 | 问题 | 问题 | 问题 | |
| 生产处 | | 1 | | | | 1 | | 1 | 3 |

**续表**

| 要素<br>责任单位 | 责任导向 | 风险导向 | 过程导向 | 问题导向 | 目标导向 | 差异导向 | 新“28”条 | 供应商体系 | 总计 |
|---|---|---|---|---|---|---|---|---|---|
| | 问题 | 问题 | 问题 | 问题 | 问题 | 问题 | 问题 | 问题 | |
| 技术处 | | 4 | 6 | | 1 | | | | 11 |
| 质量处 | 1 | 2 | | 3 | | | 1 | | 7 |
| 人事处 | 1 | | | | | | | | 1 |
| 标准计量室 | | | 3 | | | | | | 3 |
| 企管处 | | 1 | | | | | | | 1 |
| 物资处 | | 1 | | | | | | | 1 |
| 14 车间 | | | | 1 | | | | | 1 |
| 安保处 | | | 2 | | | | | | 2 |
| 合计 | 2 | 9 | 11 | 4 | 1 | 1 | 1 | 1 | 30 |
| 占比 | 6.7% | 30.0% | 36.7% | 13.3% | 3.3% | 3.3% | 3.3% | 3.3% | 100% |

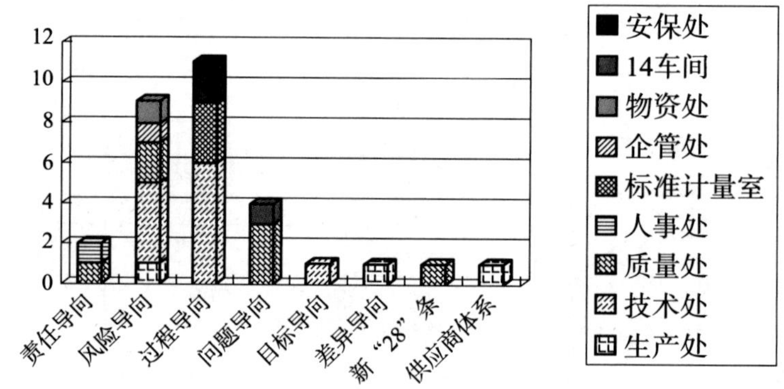


图 4－11　2018 年质量纪律检查问题项统计分析

通过问题综合分析可以看出，风险导向和过程导向为问题多发要素。如 C5 Y3 火箭复飞风险分析不足，说明厂在风险应对、思想意识方面仍存在薄弱环节，针对复飞风险未能有效开展分析；型号工艺管理方面有 4 项上级文件未落实到厂内标准内，说明在管理制度方面仍待完善；生产现场防静电袋重复使用，因无相关检测设备对防静电袋进行防静电测量，说明在条件保障和资源配置方面不到位；4 月份期间，厂内各部门尚未开展质量纪律检查工作，说明厂内对监督考核的力度不够。

### 4.3.3.3　发现问题的原因分析

针对质量纪律检查 30 项问题项分类，主要原因为：思想意识、管理制度、流程或操作、条件保障或资源配置、监督考核等 5 类问题，具体见表 4－15。

**表 4－15　2018 年质量纪律检查原因分析统计**

| 分类 / 原因分析 | 责任导向问题 | 风险导向问题 | 过程导向问题 | 问题导向问题 | 目标导向问题 | 差异导向问题 | 新“28”条问题 | 供应商体系问题 | 总计 | 百分比 |
|---|---|---|---|---|---|---|---|---|---|---|
| 思想意识 | | 1 | | | 1 | 1 | | | 3 | 10% |
| 管理制度 | 2 | | 4 | | | | | | 6 | 20% |
| 流程或操作 | | 6 | 6 | 3 | | | 1 | 1 | 17 | 56% |
| 条件保障或资源配置 | | 1 | 1 | | | | | | 2 | 7% |
| 监督考核 | | | 1 | 1 | | | | | 2 | 7% |
| 合计 | 2 | 8 | 12 | 4 | 1 | 1 | 1 | 1 | 30 | 100% |

（1）思想意识存在薄弱环节

通过对检查发现问题的系统分类，发现其中思想意识问题 3 项，占比 10%。

挖掘深层次原因主要是在思想意识方面存在薄弱关节，导致工作推进力度不够，如对 C5 Y3 火箭复飞风险分析不足。在后续的工作中，由厂长、书记主抓，开展形势任务教育，从自身做起，查找深层次问题，引导全体员工不忘初心、牢记使命，牢固树立“质量是政治、质量是生命、质量是效益”的质量观，不断提高“全局意识、责任意识、风险意识、敬畏意识、细节意识”。

针对型号工作，由型号副总师主抓，全面梳理科研生产中的不足，开展风险分析，用高质量的工作完成高质量的产品，用高质量的产品确保高质量的成功，用高质量的成功推动高质量的发展，坚定必胜信心，增强危机意识，激发创新热情，压准压实责任，打好质量翻身仗。

（2）管理制度不完善

通过对检查发现问题的系统分类，发现其中制度不完善问题 6 项，占比 20%。

暴露出在标准制定过程中，对制度的理解、标准的执行、流程的掌握仍存在差距。特别是在 3－2 工艺管理中 Q/QJA 199—2014《特殊过程控制要求》、Q/QJA 32—2006《航天产品技术状态更改控制要求》、Q/QJA 201—2014《航天产品工艺技术状态控制要求》、QJ 903.33—2014《航天产品工艺文件管理制度　第 33 部分：数控程序编制与使用规定》等相关上级标准未纳入厂内体系文件中。

（3）流程或操作落实不规范

通过对检查发现问题的系统分类，发现其中流程或操作问题 17 项，占比 56%。

说明厂在文件、流程层面制定过程中不系统，计划不具体，导致在后续操作过程中可操作性和可检查性较弱；在操作层面，执行上级标准、厂管理文件方面，与文件要求存在差距，执行过程不规范。如在外包过程中技术质量协议里针对镀层厚度要求不具体，外协厂家可执行性不强；标准化管理方面存在标准目录、聘任标准化人员等文件未及时更新，标准编制项目未及时完成等问题。上述问题暴露出厂在过程管控方面存在薄弱环节，文件的细化工作不到位、人员落实不到位。

（4）条件保障和资源配置不到位

通过对检查发现问题的系统分类，发现其中条件保障和资源配置问题 2 项，占比 7%。

问题主要为：在现场检查过程中未提供《2017 年度合格供方评价报告》，原因为该报告统计核对的数据信息较多，工作量较大，导致材料收集和报告编写延误；车间电路板存放的防静电袋重复使用，并未对防静电袋进行防静电测量，是由于缺少专业的测量仪器。上述问题暴露出厂在为质量纪律检查做准备过程中人员保障不到位、防静电管控方面资源配置不到位。

（5）监督考核不到位

通过对检查发现问题的系统分类，发现其中监督考核问题 2 项，占比 7%。

厂级、部门级质量纪律检查尚未开展，同时在前期的工艺纪律检查过程中针对生产现场使用非防静电毛笔、防护用的纸胶带为非防静电用胶带均未检查出问题项，暴露出厂在各级检查过程中制度化、深度化不足。后续厂将加大考核力度，逐步推进检查深度、广度，检查既要发现个性问题更要深挖系统问题，全面形成持续改进、自我完善的长效机制，落实院整体目标的同时形成具有北京光华无线电厂特色的过程监督管理模式，促进各级领导认识全面提高，各级质量责任得到实质落实，型号产品过程管控能力显著提升，质量形势得到持续好转。

#### 4.3.3.4　制定系统整改方案情况

为严格落实院的整改要求，由厂长主持，以“崇尚细致、学会细致、落实细致”为指导思想，开展整改工作策划，分解落实到相关责任部门，并召开了专题讨论会，明确要求：此次整改工作要从源头抓起、查找系统性问题，发动全员从思想上正确认识深层次问题、开展质量大讨论，对问题产生原因开展系统分类、统筹分析，制定整改措施并保证落实，尽早取得整改效果。

会后，各责任部门第一责任人主持开展本部门的整改落实工作，深入、系统开展再培训、再教育活动，全面落实各部门、各人员岗位责任，深挖一锹，查找深层次管理问题，并经各部门第一责任人审批，形成部门级整改报告，质量处汇总，经厂长审批，形成厂级整改报告，上报院，确保整改工作全面落实。

（1）整改工作目标

1）开展质量意识大讨论，树立正确质量意识形态；

2）全面实施质量管理体系文件换版，确保符合上级标准要求；

3）强化过程管控，确保文件流程细化、操作过程规范；

4）加强条件保障和资源配置，确保科研生产任务顺利完成；

5）持续推进质量纪律检查、工艺纪律检查，确保各项监督考核到位。

（2）主要措施

①全面落实领导责任制

通过开展质量纪律检查工作，全面落实各级领导责任制，厂由“一把手”负责、亲自主抓，从检查策划、过程管理、监视测量、质量改进、资源配置、整改落实、考核奖惩等方面层层抓落实。同时厂内制定并下发《2018 年质量纪律检查工作策划及实施报告》，明确厂领导和各级领导的职责，建立了纪律检查工作的长效机制。

在院对厂进行质量纪律检查工作后，厂迅速召开了专题质量分析会，针对院质量纪律检查提出的问题开展全面分析，明确责任部门，确保各项整改措施落实到位。

为确保后续质量纪律检查各项工作常态化，由厂领导亲自指导后续检查工作策划，组织实施现场检查，厂级质量纪律检查工作每季度开展一次，同时针对检查出的问题，督导各部门落实整改方案。

厂领导的参与强有力地推进了质量纪律检查工作的顺利进行，全员质量意识得到大幅提升，质量管理责任得到明显加强。

②开展质量形势任务教育和质量轮训

厂党委以集中学习宣贯质量“新 28 条”、落实质量纪律大检查整改为重要内容，组织全体员工开展了“以精品光华为主题，以确保型号产品质量、提升全员质量意识为主线，打赢质量翻身仗”的质量形势任务大讨论活动，全力确保后续各项任务的圆满完成。

一是领导带头，全员参与。自 4 月起，厂分别在党委中心组、副总师、中层领导干部、青年骨干、全体员工不同层次开展专题讨论，形成“横向到边、纵向到底”的工作布局。党委成员以身作则、率先垂范，参加部门、车间组织开展的大讨论活动。期间厂各单位开展专题大讨论活动共计 20 余次，参与人员 800 余人次。统一签订质量承诺书，提高全员质量意识。

二是专题研讨，问题导向。结合型号任务、产品质量和各部门主责主业，组织战略、运载、战术组型号队伍及技能、工艺、质量检验等不同岗位人员开展“面向产品，落实过程管控”“面向产品，落实再设计、再确认、再验证”“面向产品，落实技术状态管控”“有依据、按依据、留记录”“细化工艺文件、降低技术风险”“端正质量态度，规范质量行为，严控质量风险”等针对性的专题讨论，共收集建议或意见 200 余条。

三是聚焦责任，狠抓落实。全体中层领导干部根据本岗职责，以“压准压实责任”为主题撰写学习心得 60 余篇。创新开展领导干部微党课活动，围绕

“精品光华”主题，12 名中层正职讲授微党课，成为质量形势任务教育活动的有效载体，成为厂领导干部加强自我制约和提升自我管理的有效途径。

四是系统培训，严格考试。在全体中层领导干部、重点骨干人员中分别开展质量“新 28 条”专题培训，贯彻落实要求。以航天及企业标准为辅助，借助质量案例分析，组织开展一线班组长质量管理专题培训、型号研制队伍质量培训、生产一线人员技能规范性培训工作等，强化全员质量意识。同时，结合学习质量“新 28 条”、工艺技术标准的情况，为巩固落实学习成果，厂组织全体中层领导干部和工艺技术、质量检验、生产操作一线等不同人员分别开展质量专题知识闭卷考试，共计 15 场，470 余人参加。

五是广泛宣传，形成氛围。结合质量大讨论活动，厂设计张贴“质量大讨论”系列宣传海报，积极组织各部门报道，《光华报》出版“质量形势任务教育”专刊 2 期、开辟专栏，共收集到 50 余篇稿件。组织开展质量格言和合理化建议征集活动，全体员工积极参加，共收集到近 600 条格言警句，为活动取得实效营造良好氛围。

③强化制度建设

“学标准守纪律”，对标工作，对上级文件开展再学习，对流程开展再梳理，对要求进行再细化，对细节进行再补充，查找现有制度存在的不足，同时结合新版 GJB 9001C — 2017《质量管理体系要求》，将质量纪律检查融入体系，全面开展质量管理体系换版工作，使质量纪律检查问题项从源头落实，形成制度化、常态化管理。

④加强过程管控

此次检查中发现的问题反映了厂在过程管控过程中，部分人员对操作规范、标准规章不熟悉，工作不细致，流程不细化，针对要求落实不到位，执行过程不规范等问题。

通过梳理，各问题的责任部门开展了整改工作：加强对上级文件、岗位标准、制度流程的学习；加强顶层设计，分解落实上级要求，全面识别、统筹策划，增强文件可操作性；进一步细化管理要求、贯彻管理制度。

通过开展质量纪律的整改工作，确保后续型号任务规范开展。

⑤开展质量纪律检查工作

风险导向和过程导向要素为质量纪律检查中问题多发要素，针对问题多发要素要求相应责任部门于6月底前完成厂级质量纪律检查，针对问题项开展闭环验证工作和举一反三，并将2项要素纳入质量纪律检查重点。

⑥严格监督考核

厂级质量纪律检查每季度开展一次，部门级质量纪律检查每月开展一次，班组级每周开展。

加强分管要素责任部门质量纪律检查的落实，要求各部门针对整改落实情况明确监督检查的频次、周期等，针对周期较长的整改项目要定期开展阶段性检查，并留存记录。

加强检查的考核力度和时效性。严格依据《公司工作质量考核管理办法》对检查中发现问题进行考核。对检查中发现的问题明确责任部门的同时要求由部门第一责任人亲自抓问题的整改落实。对于重复发生的问题在考核基础上责令责任部门进行管理归零，确保分析到位、查找到位、落实到位。将质量纪律检查结果纳入厂质量分析会，对于未按整改要求完成整改等相关工作的责任部门进行严肃考核。

#### 4.3.3.5 发现问题的整改实施情况

（1）整改落实情况

为全面落实院质量纪律检查整改要求，确保整改工作的制度化、规范化、精细化，此次整改工作以“崇尚细致、学会细致、落实细致”为指导思想，坚持系统、全面、认真、仔细的工作原则，全面梳理厂各项规章制度是否满足上级文件要求，开展文件细化工作，做到管理标准清楚，技术要求清楚，过程控制清楚，整改落实清楚，确保整改工作全面落实。

院级质量纪律检查发现的30项问题中8项已完成整改。未完成整改项22项，明确了完成时间；开展厂内质量形势任务教育和质量轮训。

（2）重点问题整改

① 型号工艺管理

针对型号工艺管理工作，着力抓制度建设，通过对上级文件再学习，对流程再梳理，对要求再细化，对细节再补充，查找现有制度存在的不足，结合体系文件修订，将上级要求落实在厂体系文件要求中。

问题一：厂 Q/Gh9752《过程确认控制要求》内容与 Q/QJA199《特殊过程控制要求》相比，缺少“生产控制要求”和“外包控制要求”两部分内容，也没有要求“产品研制生产各阶段均按产品对特殊过程形成特殊过程清单”。

问题二：经对 Q/QJA199《特殊过程控制要求》进行逐项对标，发现现有制度仅落实 GJB 9001C 要求，未落实集团管理标准要求，对于上级要求在制度上落实得不到位。

现已将 Q/QJA199《特殊过程控制要求》中的内容逐项落实在正在修订的新版体系文件 Q/Gh 9858《特殊过程控制程序》中，对“生产控制要求”“外包控制要求”“特殊过程目录”“特殊过程清单”等要求进行了逐一落实。待 Q/Gh9858《特殊过程控制程序》发布执行后，厂内将组织开展对厂体系文件的深入学习，并执行对型号产品中“生产控制要求”“外包控制要求”“特殊过程目录”“特殊过程清单”等要求的落实。

问题三：Q/Gh9770《技术状态控制程序》和 Q/Gh. G116《工艺文件更改规定》不符合 Q/QJA32《航天产品技术状态更改控制要求》和 Q/QJA201《航天产品工艺技术状态控制要求》，缺少落实技术状态变化“五项原则”的内容，缺少更改类别范围和内容。

北京光华无线电厂目前现行的 Q/Gh9770《技术状态控制程序》和 Q/Gh. G116《工艺文件更改规定》是按照 GJB 9001C 和 QJ903. 6 B《航天产品工艺文件管理制度　第 6 部分：工艺文件更改规定》制订，未落实集团管理标准要求。重新修订《技术状态控制程序》和 Q/Gh. G116《工艺文件更改规定》，将上级要求逐项落实。待《技术状态控制程序》和 Q/Gh. G116《工艺文件更改规定》发布执行后，厂内将组织开展对厂体系文件与管理标准的深入学习，并落实符合上级文件要求的工艺技术状态控制工作。

② 环境与多余物控制

在现场检查过程中，发现使用的毛笔属于非防静电类毛笔；防护用的纸胶带为非防静电类胶带。

北京光华无线电厂静电防护区域中使用的毛笔和纸胶带，分别用来对印制板刷助焊剂和喷漆前进行防护处理，在厂《电子产品静电防护工艺要求》标准要求中，使用上述两种辅助用品过程中须用离子风机消除使用过程中产生的静电，生产过程使用离子风机消除静电不会对产品造成影响。

为使静电防护区域中使用的毛笔和纸胶带要求落到实处，厂重新修订《电子产品静电防护工艺要求》标准，细化使用毛笔刷助焊剂和印制板喷漆防护工艺过程要求，并落实到工艺文件中，在生产过程中确保消除静电的各项措施落实到产品上。同时相关车间加强标准培训，相关部门对生产过程工艺文件的执行情况进行工艺纪律检查和 EPA 区域检查。

#### 4.3.3.6 对发现问题的自我验证和持续改进情况

（1）自我验证

厂领导带队，组织开展质量纪律检查、工艺纪律检查工作，质量处组织对责任单位的整改落实情况开展监督检查，对整改问题全部拉条挂账，保证闭环管理，同时对各问题开展举一反三工作，确保各项整改得到全面落实。

（2）持续改进

各部门根据本次检查的问题项、建议项，开展分析工作，作为本部门持续改进的一部分，不断改进质量纪律检查工作绩效，在后续开展的检查中做好基础工作，建立长效机制。质量处将针对各部门的检查工作绩效进行考核与督导，不断保持质量纪律检查的适宜性、充分性和有效性。

#### 4.3.3.7 条件保障及到位情况

为加强对质量纪律检查整改工作的领导，确保工作取得实效，厂成立整改工作领导小组，由厂长、书记主抓，全程督导整改工作的落实。针对整改工作中防静电袋需进行防静电测量配备了专用测量仪器，为整改工作提供有效资源保障。同时各部门按照院质量检查要求，落实全面、整改到位，并形成完整翔实的整改报告，质量处结合各部门整改情况，开展监督检查确认工作，确保整改工作全面落实到位。

## 4.4　质量纪律管控的自我完善——标准化

标准化工作是企业组织现代化生产、实施科学管理、提高产品质量水平、降低消耗、增加效益的重要手段。对促进技术进步、合理配置资源、组织高效率生产起着十分重要的作用。ISO 9001 系列标准对于质量管理在全世界的推行、对于各级质量管理体系的建立和运行起到了至关重要的作用。标准化对于质量纪律管控理论的固化、应用与效果提升也将发挥类似的作用。

### 4.4.1　标准化与质量管理目的一致

标准化是以提高企业经济效益为目的，以组织经营活动的全过程及其要素为对象，以现行法规为依据，以科学、技术或经验的综合成果为基础，在组织内部以谋求经营合理化的最佳条件，进行制定、修订和贯彻执行标准的一项有组织的科学技术活动。

标准化是组织管理的一项基础工作。组织的生产、经营、管理与标准化有着密切的关系。标准体系由技术、管理、工作三方面组成，因此可以说标准化工作范围比质量管理范围还要广，还要深。在我国，标准化工作历史比质量管理基础相对较好，标准体系也较为完善。通过制订各类标准，使组织的各项工作有序化、规范化、标准化，各部门、各岗位人员都按标准进行运作，从而保证组织质量管理工作有效实施，为组织提高产品质量和加强管理、增加效益发挥了积极的作用。无论是建立组织的标准体系还是开展质量纪律管控，都涉及组织机构、职责、过程、方法，涉及人、机、料、法、环五大因素，也都是为了加强组织的质量管理，提高经济效益和产品竞争力，这一点是一致的。

标准化通过制定标准规划、计划，一方面可使标准化的各项工作能够有步骤、有目标地发展，另一方面也可使标准化工作与组织总的方针、目标及其他管理协调并同步发展，即与组织质量管理各项工作相协调一致。组织开展质量纪律管控工作，真正的优势是产品、服务质量的全面受控和经营管理的持续改善。人们经常强调的质量管理的有效性，其实就在于如何充分发挥质量管理工作的增值作用。开展质量纪律管控，最终极的目标就是贯彻预防为主的思想，这是现代质量管理的核心，在质量纪律管控中，重点做好责任导向、风险导向、目标导向、问题导向四个方面的工作，使质量纪律能够在运行中起到自我预防和自我完善作用。

## 4.4.2 标准化是促进质量纪律管控发展的重要举措

### 4.4.2.1 强化各级组织依据标准开展质量纪律管控的意识

（1）标准化是养成良好习惯和思想的有效工具

要切实规范和落实质量纪律管控各项要求，首先就要形成一套标准化程序和基础要素依据，同时应转变态度，将以往一年一办法、一单位一办法的做法，统一为标准化模式，形成上下联动、主动作为的良好习惯；其次，要依靠标准来促进各级组织在标准基础上主动思考、完善和优化质量纪律在各个层面上的作为，使各级组织清楚基本要求的同时，可以根据自身实际进行剪裁优化，从而达到与时俱进的目的。

（2）标准化是质量纪律管控实施的制度性保障

质量纪律管控标准化首先就是制度化的过程。通过系列标准化制度的完善，均有明确的效力规定，各单位及责任人职责明确、互为监督，从而形成了有层次、系统化的质量纪律管控体系。在一个统一、有效的质量纪律管控体系中，将前期开展的质量纪律检查工作取得的智慧作为标本，通过制度的形式推广到各级组织中，形成大家都要遵守的具体质量纪律行为准则。让组织和员工更好地按照项目的规范工作流程，找对自己的位置，有法可依，使工作更顺畅。

### 4.4.2.2 强化各级组织形成质量管控记录的行为规范

（1）标准化是实现质量纪律管控各类要求、记录文件化的必要工具

质量纪律管控的重点是产品实现过程，对于过程要求有标准、按标准、留记录，这就要求整合各级组织内部质量管控相关的各项工作的记录，并形成文件化，具体做到：一是系统整理当前质量纪律的相关文件、要求和传统管理习

惯；二是以质量纪律管控为主导，推进各项工作规范化、文件化；三是推动建立健全质量纪律管控要求的各个环节的监督制约机制。

（2）标准化是质量纪律管控数据分析的基础

质量纪律管控要持续推进的重要目的之一，是将每年度、各单位在产品研制生产过程中暴露出来的问题进行积累，通过一个较为长期的样本，对问题的各类信息数据进行统计分析，从而能够更好地发现共性问题，治理共性问题。同时还能够通过这些信息形成数据库，对后续新品开发等一系列行为进行约束，从源头提升新品研发生产的质量。而这些数据、信息的采集和统计分析，有赖于统一的标准，10 余家单位只有在相同的标准指导下开展数据采集、上报和处理的情况下，所得出的分析结果才具有科学有效性。

#### 4.4.2.3　强化质量纪律管控的预防性作用

（1）标准化是预防性质量管控的基础

质量纪律管控作为质量管理应用理论的组成部分，更为注重产品质量的预防性管控，因此标准化通过固化理论、提升意识、规范行为，实现在质量纪律管控顶层设计层面，为预防性提高产品质量提供必要基础。

（2）标准化为质量纪律管控的差异化提供前提

标准的可裁剪性，为组织在质量纪律管控基本要求的基础上，提供了可根据自身需要进行优化的可行性，从而避免了质量纪律刚性要求带来的管理上的不适应性。允许质量纪律管控的差异性存在，也为将来持续改进发展和均衡发展提供了前提。

### 4.4.3　建设标准工程化，实现工程标准化

标准和标准化的思想都是要以应用为最终目的，在应用中发挥价值的，因此必须着力“建设标准工程化、实现工程标准化”，以系统化和工程化的思维来开展标准化工作，以科研生产需求和型号任务实际来应用标准，以全员参与和真抓实干来落实标准，精准实施、用好标准。